高校体育教学理论与实践研究

胡文正　著

吉林出版集团股份有限公司

全国百佳图书出版单位

图书在版编目（CIP）数据

高校体育教学理论与实践研究/胡文正著 . —长春：
吉林出版集团股份有限公司，2023.4
ISBN 978-7-5731-3317-5

Ⅰ.①高… Ⅱ.①胡… Ⅲ.①体育教学-教学研究-
高等学校 Ⅳ.①G807.4

中国国家版本馆 CIP 数据核字（2023）第 078092 号

GAOXIAO TIYU JIAOXUE LILUN YU SHIJIAN YANJIU

高 校 体 育 教 学 理 论 与 实 践 研 究

著　　者	胡文正
责任编辑	张婷婷
装帖设计	博贤文化
出　　版	吉林出版集团股份有限公司
发　　行	吉林出版集团青少年书刊发行有限公司
地　　址	长春市福祉大路 5788 号 （130118）
电　　话	0431 - 81629808
印　　刷	安徽中皖佰朗印务有限公司
版　　次	2023 年 4 月第 1 版
印　　次	2023 年 4 月第 1 次印刷
开　　本	787mm×1092mm　1/16
印　　张	10
字　　数	184 千字
字　　号	ISBN 978-7-5731-3317-5
定　　价	56.00 元

目　录

第一章

体育课程教学概述

　　体育课是以体能训练为主，以体育和健康知识、技能、方法为主要目的的一门必修课。体育教学以其鲜明的基础性、实践性、健身性和综合性的特点，成为学校体育教学的一个重要内容，也是实施素质教育、培养学生德智体美劳全面发展的必由之路。

第一节　体育课程的性质与特点

一、体育课程的性质

（一）体育运动是身体认知性知识

　　课程是知识的载体，也是知识传承的基础，还是知识的传承和传播的介质。没有知识，就没有教学内容，也就没有教学的意义。体育教学是以体育为主要内容的体育文化知识传播的载体，没有体育，体育教学就没有任何意义。

　　通常来说，数学、物理、语文是学问，但对于体育是不是学问，许多人持怀疑态度，甚至有些人把体育看作一种单纯的体力劳动，与知识无关，即会做运动的人，都会参加运动项目。运动课程是一门活动的课程，也是一门游戏的课程，却不知道"玩儿"还需要一定的专业知识来支持。于光远说："玩是人类最基本的需求，要有玩的文化、玩的学问、玩的技术、玩的艺术。""玩儿"本来就很复杂，更别说运动了。体育是一种标准化的体育项目，也是一项有技术结构的体育项目，它是有一定理论基础的体育活动。而体育类的体育项目，都是经过深思熟虑的，绝对不是单纯的玩儿或游戏。从这一点上讲，体育课程是科学的，也是符合知识需求的。

人类的认识可以分成三类：一是从认识到概念的过程中获取知识的方法。语文、数学、历史、地理、物理和化学，这些学科都属于概念认知。二是感知，也就是要从感觉中获取知识。三是动作认知，它是以不同的身体活动经验为基础，以形成知识的方式，不能被其他认知方式所替代。人们对于运动的认识，就是人类第三类的认知。因此，体育与语文、数学、音乐、美术一样，是一种与人体认知能力相同的知识。

（二）体育课程是具有"技能性"的综合性课程

体育是教育的一个重要方面，它对于推进我国的教育事业、推进教育改革、实现全面发展具有十分重要的意义。体育课程体系是学校体育教学的一个重要组成部分，全面、深入地研究体育课程体系是目前我国高校体育教学改革的重点和根本所在。

体育课程的本质与特征是由其在体育教学中的重要地位和学校体育课程体系的重要性所决定的。学校体育课程的本质特征是学校体育课程的理论建构与实践性研究的中心问题，因为它反映了课程的根本导向，引导着课程的建构，支配着课程的实践，决定了学校的课程理念、目标、内容、教学程序和教学方式。

目前，我国高校体育课程存在两种不同的形式：一种是职业院校的体育课程，另一种是普通学校的体育课程。体育专业院校设置的体育专业课程是为满足体育教育目标、具备体育专业素质的专业人才而设置的一套综合性专业课程。普通学校的体育课程是实现教学目的、促进学生的全面发展而设置的一门普遍性课程。学校体育课程的本质是指普通学校体育课程的本质。

关于普通学校教育的体育课程性质，学者有五种观点：第一，体育课程属于活动课程，它以身体实践活动为基本特征，是具有活动课程基本属性的学科；第二，体育课程属于学科课程，因为体育课程虽然具有较强的实践性，但它又是需要经过严格、系统学习的学科课程；第三，体育课程是综合性课程，因为体育课程既具有实践性强的特点，又符合理论与实践相结合的综合性课程形态；第四，世界上更多的教育专家则把基础教育阶段的体育课程归纳到技能类课程；第五，体育课程属于学校课程体系中的文化科学基础课程，也称为"学术性课程"。体育课程具体有如下五种表现：

1. 体育课程符合活动课程的特点

活动课程又称为经验课程，是针对儿童从事某种活动的经验而组织起来的一门课程。本课程旨在培养具有丰富个性的主体，即培养学生的个性。活动课程具有以下两个特点：一是以学习者的兴趣为出发点，强调以课程内容吸引学习者，满足学习者的求知欲，发展其多样化的兴趣；二是突破"知识中心"与学科逻辑，根据学习者的生活经验与心理发展逻辑选择课程内容，打破以系统化知识为主的教材编写模式，提倡"从做中学"，使学习者通过活动获得直接经验，积累知识。

体育课程的外在特征表现为体育实践活动，学生作为体育实践活动的主体，主要通过"身体运动"这一外在形式直接参与体育课程学习，同时也伴随着丰富的认识活动。学生在训练中学、学中练，既有身体上的锻炼，又有心理上的锻炼。体育活动具有竞争性和一定的冒险性，是学生认识自我、改造自我的一种活动。体育活动是人类挑战自然、挑战自我、战胜自然、完善自我的重要手段，参加体育活动需要承受一定的运动负荷，适当的运动负荷能够提高人体各器官、系统的机能，促进新陈代谢，促进身体的发展。因此，体育活动既能使学生全面、积极地锻炼身体，又能辅助教育思想道德、意志、情感和人际关系。体育课程的某些特点与其实践性、开放性、自主性、多样性密切相关。

但是，不能因为这些相似性而简单地把体育学科归入活动课程范畴。通过以上分析，体育学科也有其自身的特点。从课程编排和教学实践来看，体育课程与活动课程在本质上并不完全相同，特别是社会性活动课程目标由于教学组织在教师、学校条件等方面存在着难以克服的缺点，因此完全按照活动课程模式设计体育课程并不理想。

2. 体育课程符合学科课程的特点

从课程分类角度探讨体育课程的性质。学科课程是以文化遗产与科学为基础而组织起来的传统课程形式的总称。各门学科各自有其内在的逻辑性与系统性，彼此独立、并列。这套教材由易到难排列，符合儿童发育阶段特点，注重科学体系。根据这种课程开展的教学一般称为"系统学习"，它是一种具有悠久传统的科学课程，受到广大教师的支持。它的优点包括三方面：一是按学科组织的教材能够系统地传承文化遗产；二是通过学习逻辑组织起来的教材能使智力得到最大限度的发展；三是以传授知识为基础的教学更容易组织和评估。它的缺点包括三方面：一是由于教材侧重于逻辑系统，教师在教学过程中重记忆而轻理解；二是教学方法容易偏重知识传授，忽视儿童的社会性发展和身心健康；三是教学方法单一，不能全面实施个性化教育，以培养学生的能力。

确定学校体育课程为学科课程，是把体育作为科学来看，认为体育是一门既包含体育科学理论又包含体育科学实践活动的科学体系。在课程设计过程中，教师应根据体育科学理论与实践，根据教育需求及不同年龄阶段学生的身心发展规律和特点，选择适当的教学内容，形成体育学科体系，实现学校教育目标。通过长期的教学实践，这种课程设计在课程目标、教材分类、内容编排、考核评价等方面不断改进和完善，形成了较为系统的课程体系。

作为一门学科课程，学校体育课程具有四大优势：第一，课程计划为学科课程提供了重要保障；新中国成立后，体育学科教学时数一直处于重要地位。第二，承认体育是科学，按照学科课程模式进行设计有利于确立体育在学校教育中的地位。第三，学科课程模式对于科学、系统地安排教学内容，保证全体学生掌握基本、系统的体育知识、技术和技能，具有重要的作用。第四，体育学科多年形成的教学论体系使体育教师习惯于按学科教学模式组织和实施体育教学。

作为一门学科课程，学校体育课程的弊端主要表现在两方面：一是过分强调体育知识、技术的系统性、完整性，导致教学内容过多；二是课程设计考虑到学生的实际需要和兴趣，尤其是如何培养学生的能力，与终身体育目标紧密联系在一起。

3. 体育课程符合综合性课程的特点

把学校体育课程定为综合性课程，就是从体育科学属性的角度探讨体育课程的性质。

首先，体育具有社会科学性质。体育作为一种社会文化现象，最终作用于人，在社会文化中占有重要地位。体育的社会文化研究包括哲学、社会学、文化学、历史学和人才学等。因此，体育具有社会科学性质。

其次，体育具有自然科学性质。体育对人的作用在于科学地促进人的身体发展，因此要运用自然科学知识，如人体生理学、人体解剖学、保健学、营养学、卫生学、运动生物化学、生物力学和体育统计等。所以说，体育具有自然科学性质。

最后，体育是一门综合性的科学。科学与学科既有区别又有联系，学科就是把科学内容合理地选择和排列，使之适应学生身心发展阶段以及某一阶段学校教育应达到的水平。因此，以教学理论为基础的完整科学知识体系被称为学科。体育学科是由多门学科综合而成的学科，既包含体育科学理论，又包含体育实践，因此，体育课程设计应根据学生的年龄特点和教育需求而设计。在此意义上，体育学科具有综合性课程的性质。

4. 体育课程属于"技能类"课程

从学校教育角度认识体育课程，首先要合理划分学校课程，然后才能确定体育课程的归属。

德国教育家费尼将基础教育的各种课程分为五大类。第一类是智力类课程，包括数学、科学、社会、自然；第二类是沟通类课程，包括汉语、外语、阅读、文学、写作；第三类是情意类课程，包括艺术和音乐；第四类则是技能类课程，即包含体育和生活；第五类是活动类课程，主要是课文活动和社会实践。

我国基础教育课程总体分为四大类。第一类数学、语文；第二类是自然学科，如物理、化学；第三类是人文学科，如政治、历史；第四类是技艺类，如体育、音乐、美术。

5. 体育课程符合"学术性课程"的特点

一些课程专家根据学校教育的目标、内容和功能的不同，把学校的课程分为两大类。第一类是文化科学的基础课程，也称为学术课程，包括语文、数学、外语、历史、地理、自然、物理、化学、体育、音乐、美术等传统学科。体育作为基础教育的重要组成部分（包括普通高中），也是学校教育中的文化科学基础课程。同时，体育作为一门学术课程，其理由如下：

（1）有利于体育文化的传授

体育作为人类文化的重要组成部分，是人类宝贵的精神财富。

体育文化是科学基础课的重要内容。这种认识有利于增强体育课程的文化内涵，改变以往只注重技术性编排的倾向。

（2）有利于学生德、智、体全面发展

在基础教育阶段，体育作为主要培养学生身体素质和运动能力的基础学科，有利于培养学生打好体育基础，打好"学术性"的基本功和基本技能，打好体育行为习惯的基础，为终身从事体育奠定基础。

（3）培养学生终身体育意识

体育是学生当前成长，未来工作、生活的物质基础。基础教育阶段是终身体育的基础，体育习惯、能力和意识的培养应从基础教育阶段开始。终身体育不仅仅是一种意识和习惯，更是一种健康、文明的生活方式。因此，在基础教育阶段注重学生的身体健康，加强体育基本功和基本技能的学习，对学生的终身体育至关重要。

总之，学校体育课程无论属于哪　类，都无法全面反映体育课程的属性。因此，本书认为，体育课程属性的确定既要考虑学校教育中体育课程的地位，又要考虑体育学科自身的特点和优势（技能型），体现体育课程的整体性、科学性和综合性。另外，体现体育课程自身特点和优势的"技能性"是体育课程与其他课程的根本属性之一。在这一意义上，综合类课程具有"技能性"，更符合体育课程的性质。

二、体育课程的特点

学校体育课程是高校体育教学中的一项重要内容。学校体育课程与普通学校体育课程相比，具有不同于普通学校体育课程的特征，同时也是体育教学活动的不同。

（一）"自然性"与"技艺性"的特征

体育教学的主体是学校的学生，将体育教学与思想教学有机地结合起来，以达到体育教学的目的。笔者在上文中提到，认知可以分为概念认知、感觉认知、生理认知三大类。人体认知的过程是一种以实践为基础的技术学习过程。体育教学与其他文化课相比，体能训练是其最大的特点。技能学习是人体认知的一个范畴，其发展的过程有着独特的意义，是实现运动功能的一个重要载体。

体育教学是一项技术的学习，而体育教学中的体能锻炼与学校体育课中的体能锻炼是有区别的。学校体育课的体能训练内容多种多样，可以替代；体育锻炼的体能训练则是按照特殊的要求，有严格的组织程序；学校体育项目的体能训练，强调适当的运动负荷，遵循人体发展的客观规律，而体育锻炼的体能训练，则要遵循极限负荷和超量恢复原则。

"技艺性"是体育课程的一个重要特点，是以多种形式进行的。这一特点既体现了体育课程的多样化特性，又为体育课程的多样化提供了理论基础；而体育教学中要承担适当的运动量，并遵循着人体发展的客观规律，体现了学校体育课程"自然性"的特性。

（二）"人文性"与"情意性"的特征

知识类课程反映的是一个客观的、必然的、有序的，不受人的意愿影响的客观规律，人们通过感觉和知觉进一步形成了感性的认识，再通过思想进一步地提升到理性认识，而情感类的课程则是通过课程来改变人的主观世界，带有更多的偶然性。人对于客观世界的认识，则是在人生经历的过程中经历了情感的碰撞，从而升华，进而对人的个性发展、人格的塑造起到了很大的作用，这就是"情意"课程所要达到的终极目的。

体育课程的学习不管是对技巧的掌握，还是对观念的理解，都会对人的情感、意志、态度和价值观产生深远的影响，特别是对于意志的培育，有着其他课程所不能替代的作用。在体育教学过程中，学生与教师、学生与学生之间的人际交流与互动更加频繁、更加复杂。这种经验和交流在培养学生的非智力要素方面起着独特的作用，是其他学科所不具备的。因此，学校体育教学中的"情意性"是其主要特点。

大部分的学校教育课程是以学生的认知能力为基础，让学生能够在未来的职业生涯中选择自己的职业，而体育课程的目的是让学生快乐、健康、乐观地生活，使学生感受到自己具有的爱人的活力，感受到自己的感情，从而提高自己的意志。"健康第一"的教学理念，既要提高学生的综合素质，又要充分体现其人文精神。因此，"人文性"在学校体育教学中也具有一定的特色。

在实施体育课程的过程中，由于教学情境的多变，学生的学习状况也是千差万别的，因此，与其他文化课程相比，教师与教师的交往模式有着明显的差异。在课堂上，学生扮演的角色多样、变化多样，信息交流渠道更为顺畅，这是其他学科所无法比拟的。以上几方面的特点，既能促进学生的交往能力、增强组织能力以及强化学生的社会适应能力，又能充分体现"人文性"和"情意性"的体育教学特色。

（三）体育课程具有学科特殊性

1. 目的任务的特殊性

学校教育系统中的课程种类繁多，各有其具体的教学目标和教学任务。但是，这类课程（语文、数学等）通常仅负责特定科目的教学目标。而学校体育课程又担负着德育、智育、体育、美育、劳动、技术等方面的教育目标，是一门教育性的课程。

2. 科学基础的特殊性

美国著名的运动学者布切尔说："运动本身并不是一门学科，而是哲学、生物学、心理学、生理学和社会学。"

我国教育学家徐特立将学校的课程划分为学科与术科，他认为，"劳动"即"术科"或"动作"是其基础。运动与劳动一样，都是"行动"，而且都是基于许多其他学科，而非一个特定的学科。从课程类型上来说，体育属于"广域"或"综合性"；在功能上，其"显性"和"隐性"的互动关系最为突出。

3. 教学时空的特殊性

从现代学校的课程安排来看，不管是国内还是国外，在各个级别的教育规划中均包含体育课程，这是各个年级所共有的一门课，有些甚至还对课后的运动时间进行了明确的限定。在空间上，运动课不再局限于学校，而是已经扩展到了学校之外。此外，由于教学活动是在固定的场所进行，脱离了特定的活动场所，教学活动也就丧失了其生存的条件。

总之，学校体育课程是一门以人体认知性知识为主要内容的具有"技能性"的综合课程，是实现体育文化知识的重要载体和基础。本课程的教学内容是以体能训练为核心，以体育知识和技能的掌握来实现体育教学的目的。体育课程是将"技艺性""自然性""情谊性"和"人文性"融为一体的一门课程，它具有人体认识和生命教育的特征。与其他学科相比，它具有特定的目的任务、科学基础和时间空间等特征。体育课程的本质和特征是决定学校制定课程目标、选择课程内容、实施课程要求、评估课程导向的重要依据。

第二节 体育课程的教学目标

课程目的是构成课程内涵的重要因素，也是课程研究的精神和方向。课程目标的选择、课程实施、课程评估的实施，都离不开对课程目标的认识、掌握和实现。当前，课程目标是各类课程文件中最重要的内容。学校体育课程目标是学校体育课程体系中的一个关键环节，在整个学校体育课程体系中占有举足轻重的位置。体育课程的目标与课程方向、课程内容的选择，课程实施过程中各个环节的具体措施、评价方法、课程管理等有关。作为学校体育教学的起点和终点，其核心问题是对学校体育课程体系的探讨。

一、体育课程教学目标简介

（一）体育教学目标的含义

体育课程是课程的附属概念，是与其相关的课程内容。体育课程目标与课程目的之间也必然有某种联系。随着课程改革的深入，对体育课程的研究也越来越系统化、规范化、具体化。"体育课程的目的是什么"和"课程目的"是当前我国体育课程改革的热点问题。从生物学、体育学、教育学和社会学的角度对体育课程目标的界定，指出体育课程的目的是增强体质、促进健康、掌握特殊的体育技术、促进学生的全面发展、融入生活、提高社会适应性等。不同的理论基础、不同的视角、不同的侧重点、不同的学者，对体育课程的目的有不同的认识。

体育课程目标的定义是什么？课程目标是一种特定的教育价值体现于课程领域。本书从课程目标的内涵、性质、功能等方面对学校体育课程的课程目标进行了界定：学校体育课程目标是指体育课程自身所要达到的特定目的。

（二）体育教学目标的功能

课程目标是对课程设置的制约、对教学内容的选择与组织、对学生的学习行为的限制与引导，也是课程实施的基础，还是课程评估的指导，更是教育目的、培养目标的具体体现。因而，课程目标的功能是多种多样的，具体体现在激励功能、导向功能和规范化功能上。

1. 激励功能

课程目标激发和保持学生的学习动力。教师在向学生公开教学目标的过程中，其实就是要激发他们的学习动机，让他们不断地为达到目的而奋斗。

首先，需求是动力之源，而动力之源则能推动个人的行为。在体育课程目标与学生需求相适应的情况下，为满足自己的需求而进行教学活动。例如，中学的体育加试是初中三年级的一个重要考试，考试成绩会被纳入他们的学业中，从而影响他们在中学的选择。因此，高三体育教学中有关运动加试的知识、技能和技巧，与学生的内在需要是一致的。这样，学生就会更加重视提高自己的体育加试成绩，从而达到课程的目的。

其次，最好的体育教学就是抓住学生兴趣。在体育教学目标和学生的兴趣相符合的情况下，可以明显地刺激学生的学习行为，从而实现课程目标。例如，一项运动（如篮球、健美操）通过明确的教学目标，使学生的学习、实践活动得到更大的促进。而对不感兴趣的学生，其动机效果并不显著。

最后，在目标难度中等的情况下，课程目标可以显著地促进学生的学习行为。这也就是说，体育课程的目标应该超越了当前的发展水平，使其达到了可以实现的程度。只有这样，才能使学生取得成功。这种课程目标可以最大限度地激发学生的学习积极性，保持他们更持久的学习动力。如果课程目标过于困难，则会导致学生畏缩、退缩。

2. 导向功能

体育课程目标的导向功能是对学生和学生的行为进行规定、组织和协调的功能。大学生的学习行为是一种多方位的行为，如果缺乏活动对象，其行为的方向就会变得模糊不清，而有了特定的活动目标，就能使学生的学习活动有一个清晰的方向。体育课程也是如此，在体育课程中只要预先设定了目标，体育课程的实施才会有指导性。

3. 标准化功能

体育课程目标的标准化功能就是对实际结果进行检验和评价。在体育教学的应用中，需要及时地评估教育活动的结果，并对其进行适时的调整和改善。课程目标是评估工作的一个重要指标，评价的重点在于评判体育教学活动能否达到预定课程的目的和实现的水平，因而要以预设的课程目标为基准，以实践的成效和标准进行对比，以检验和评判课程实施的成效。

总之，学校体育课程目标的恰当与否，将直接关系到体育课程的选择、体育课程的实施、体育课程的评估。所以，在体育教学过程中，如何制定学校体育课程目标是十分必要的。

（三）体育课程目标的来源

1. 体育课程目标源于学生的需要

课程是学生所学的科目，学生的需求是其最根本的资源。课程的存在是为了让学生更积极健康地成长起来，它的基本使命就是要促进学生的全面发展。体育课程实施的目标是学生，是以学生为主体，没有学生的主体性，体育课程和教学就没有意义。因此，体育课程目标应从满足学生的需求入手。学生的需求是什么？学生的需求是"完整的人"的身体和精神发展的需求，也就是个性的发展。怎样才能决定学生的需求？最重要的是弄清楚现在的情况。

从学习的本质上来说，学生的需求是由学生的自发需求和后天的体育活动而产生的自觉需求。在确定体育课程目标时，应根据学生的自发需求对不同类型的学生进行问卷调查，并将其与理想水平、公认的常规模式进行对比，以确定差异和运动需求，进而揭示体育课程的目的。

从内容层面来看，学生的需求既是生理上的需求，又是学生的学习需求。体育课程目标应充分考虑到两个需求的相互依赖，并充分考虑到不同阶段的学生能够学习和需求学习的内容。同时，要重视学生的年龄和个体的不同，在培养学生的个性和个体差异的基础上，制定体育教学目标。

在时间维度上，学生的需求包含学生目前的需求和长期的发展需求。体育课程目标不仅要处理好当前和长远的需求之间的关系，更要注重从动态的角度去考虑学生的需求。学生的需求是随着个人发展，与社会交往而变化、发展、提升的，因此必须从动态发展的角度来看待。

除了以上几点，在制定体育教学目标时，应充分考虑到学生的兴趣。学生的主体性取决于兴趣，而体育课程的目的和学生的兴趣是一致的，因此，他们就会主动地投入到课堂中去，从而达到教学的目的。当前的体育课程标准所提出的基本概念包括以满足学生需求、注重情感体验为中心的体育与卫生课程，注重学生的身体素质、兴趣爱好、运动技巧等，并据此制定相应的教学目标。

2. 体育课程目标源于社会生活的需要

大学生既是在校园里，又是在社会里生存的。大学生的成长是一个不断社会化的过程，其社会需求也就成了其目标的重要内容。

社会生活需求分为空间需求和时空需求两个方面。从空间层面上说，社会生活需求是从一个民族、一个国家乃至整个人类社会发展的需求。从时空角度来说，当今世界已进入了全球化、信息化的时代，是一个不断发展和变化的时代，人们对社会生活的需求既有国家的要求，也有国际的要求，还有现实的发展要求。

体育课程目标既不能脱离其所在的社会而存在，也不能与其自身的社会需求相悖离，既要兼顾正常群体的需求，又要兼顾弱势群体的需求，从而体现社会公正与民主。体育课程的目标是为当今的学生，但也是为未来而提出的。今日学校体育课程目标的抉择，可能在 20 年之后才能显现，那时体育课程已不是社会的附属，而是一种新的社会发展状态，其中包含对现有社会的批判与革新，为一个还没有形成的未来社会带来新生。因此，体育课程目标在现实与未来、个人与国家、适应与改造三者之间寻找一个切入点与结合点。同时，体育课程的目标也要适应本地区、民族、国家的需要与发展，并在人类的需要与发展之间寻找一个均衡与统一的关系。

3. 体育课程目标源于体育学科发展的需要

教育的精髓是要把人的文化传承下去，而学校的教学工作就是要把那些不能口口相传的知识，以教学的方式传承下去。学科是组织知识的最主要途径，而学科知识又是实现课程目的的主要源泉。知识是人类对世界认知的一种累积体验，它对人类社会与个人的身体和心理发展都有着重要的影响。知识就是力量，一个人接受了人类的知识，就相当于把社会的力量聚集在了他/她的身体和精神之上。没有知识的累积和传播，人类的发展和进步就会很慢。人的知识系统可以分为很多个学科，大的学科也可以分成很多个小的学科，这样，人们的知识就会被系统地、有规律地组织起来，从而方便地积累、传递和发展。体育知识是人类知识的一个重要组成部分，它的积累、传递和发展也需要一个系统的、有规律的知识组织系统。

4. 体育课程目标源于教育理想和培养目标的需要

教学理念与教学目的都是在课程目标的基础上，它们是实现课程目标的重要基础。首先，任何一项课程目标的制定都必须要有某种教育理念，如果没有这种理念，它就会丧失其生命。教育理念是理想化的，而课程目的是切合实际的，因此，制定体育课程的目的必须以教育理念为指导。其次，教育目的是对人的全面规划、标准和要求，从某种意义上说，体育课程的教学目的是对教学目标的一种逻辑性的分解和具体的体现，即教育目的是通过不同的课程来达到，而课程目标则是达到教育目的的媒介。

总之，学校体育课程目标的来源是学生的需要、社会生活的需要、学科发展的需要。而当前，我国在课程目标的制定上始终十分重视学科发展的需要，学科发展和学科专家的建议在课程目标来源中所占的比例远比学生的需要、社会生活的需要重要得多。因此，在确定课程目标时，应更多地关注学生的需要与社会需要，并使之与国家的教育理念和教育的总体目标保持一致，即在所有要素中寻找一种均衡的关系。

二、体育课程教学目标的类型

（一）普遍性目标、行为性目标、形成性目标和表现性目标

根据课程目标的表现形式，将体育课程目标的种类分为以下四大类：

1. 普遍性目标

普遍性目标就是把一般的教育目的和基本原理直接应用到课程领域中去，从而形成课程领域的一般性、规范性的课程目标。它是基于教育理念、社会政治、经济发展状况与需求、意识形态、人类体验等因素共同作用而形成的，具有普遍性、模糊性和规范性，也是一种由来已久的课程目标导向。它具有应用广泛、灵活多变的特点，使教师有更多的施展余地。它的缺点是这些目标受到了实践和思想的制约，缺少科学依据；目标含混不清，容易产生歧义，理解也不清晰，难以观察和评价。

2. 行为性目标

行为性目标是以一种具体的、显性的、可操作的、可观察的行动，清楚地表明在教学活动之后学生行为的改变。

它的主要特征是注重对象的具体可操作性和可测性；行为目标的一致性，即对所有人都适用，并对每个人都适用。它是预先设定的，在教学活动开始前就已确立了行为目的。

行为性目标最大的优势是可操作性和可视性。这为学校教育的发展提供了一个良好的平台，使同一类不同学校、同一年级的学科教学有了可比性，同时也为教师与教育督导、学生家长、学生本人的教育内容交换创造了条件。同时，行为目的的明确性使教师能够清楚地了解教学任务和行为，从而有利于对教学进行有效的控制。它的缺点是行为目的使教学倾向于能够清楚地辨认出的因素，而难以评价、难以转化为行动的内容，常常会因为被忽略而消失；因为行为对象会把学习分解为不同的个体，从而使整个学习的整体性受到损害，不利于整体教学和学生的发展。

3. 形成性目标

形成性目标又称为"生成性目标"，是一种在教学过程中，随着教学活动的进行自然而然地形成的一种课程目的。它着眼于学习的进程而非结果。形成性目标兼顾了学生的兴趣、能力的形成、人格的发展，消除了过程与结果、手段与目的的二元对立，从而实现了教学目的的实现，为教学活动增添了丰富性、开放性，使得课

程的目的更加接近于现实的教学环境。它的缺点是要求教师根据学生的需求和特征，适时地对教学内容进行调整，并适时地提出阶段性教学目标。但由于没有经过专业培训，在实际操作中很难进行此类教学活动，即使是经过培训的教师，也会因为这种教育而花费很多的时间。此外，没有提前引导，导致了学习行为的盲目性。

4. 表现性目标

表现性目标是指每个学生在各种教育境遇中的个体的创造性表达，强调课程目标的独特性、独创性。它是学生参与一定的活动后所获得的成果，重视学生在活动中的具有某种程度的首创性反应。表现性目标是开放性的，只为学生提供活动领域和活动主题，关注学生行为的个人性、多元性，鼓励活动的个性特点。它的优势是可以根据不同的人的不同特点来制定课程目标，从而激发学生的不同思考能力和创造力。但其不足之处是很难达到作为行为目标的指导功能，很难确保学生能掌握必要的知识。

总之，不同的课程目标既有优点，又有缺点，而每一种目标都有其存在的意义与价值。例如，要使学生掌握基本的知识和技巧，可以采取行动目标；要提高学生的解题能力，可以有生成性的目标。现代教育是"完整的人"的全面发展，它对课程目标的要求也是全面的，目前的课程目标并非单一的课程目标，而应该是多个课程目标的互补，形成一个完整的课程目标。

（二）体育课程教学目标的其他类型

根据体育课程目标的内涵，将传统的体育课程目标划分为身体发展目标、知识技能发展目标、道德素质发展目标。目前的体育课程除了总体课程目标外，还包括运动参与、运动技能、身体健康、心理健康和社交适应性等方面的内容。根据布卢姆的教学目标分类理论，可以把体育教学目标分为认知目标、情感目标和行为能力目标。根据不同的学习阶段，体育课程目标可以分为小学、初中、高中、大学体育课程。

三、体育课程教学目标体系阐释

在课程论和系统论的指导下，以"健康第一"为指导，对体育课程的总体目标进行分解，形成了一个横向、纵向、层次分明的目标群体。运动课程的目标群体在横向上、纵向上都是并然有序的，它们共同组成了一个具有系统性的目标网络。

学校体育课程目标体系从横向上由体育课程各个领域的目标群构成，过去体现为身体发展目标、知识技能发展目标、思想品德发展目标三大目标群体，而目前则体现在体育参与目标、运动技能目标、身体健康目标、心理健康目标和社会适应目标上。其中,运动技能目标是基础,体育参与目标、身体健康目标、心理健康目标是保障、过程。体育参与、运动技能、身体健康、心理健康、社会适应等课程分目标是一个相互联系的整体,各个目标的实现主要是通过身体训练来实现,而不能脱离教学。

学校体育课程目标体系纵向上包括小学体育课程目标、初中体育课程目标、高中体育课程目标、大学体育课程目标群,每个阶段的目标之间相互衔接,层层递进。前一学段课程目标是后一学段课程目标的基础,后一学段课程目标是前一学段课程目标的延伸和发展。学生个体的体育课程目标随着学段的发展而不断提升,从而构成了学校体育课程目标纵向发展的体系。

学校体育课程目标体系内部结构包括认知目标、技能目标和经验目标,横向结构体育课程目标群中各有认知目标、经验目标、技能目标,它们相互交织,构成了学校体育课程目标体系。同时,体育课程目标的表征形式也应包括普遍性、行为性、形成性和表现性。

四、体育课程教学目标体系的要求

(一) 学校体育课程目标体系要体现系统性

体育课程目标的设定应与课程目标的总体特征相一致,各个层次的学校体育课程目标并非孤立的,它们之间是一个有机的整体。体育课程目标是体育教育目标、培养目标和教学目标之间的一系列具体操作,形成了一套完整的、多层次的体系。体育课程教学目标体系具有以下三个特点:

第一,从课程目标之间的联系上来看,强调体育课程目标的系统化;在制定体育课程目标时,应充分考虑目标系统的水平功能、垂直关系,以满足上级目标对下级目标的需求,使各个层次的课程目标达到阶段性、渐进性。阶段是指学校的课程目标是一个多层次的目标体系,小学、初中、高中、大学的不同阶段都有自己的阶段性目标。体育课程目标应兼顾各教育阶段体育目标之间的相互关联,同时要关注体育课程目标与体育教育目标、培养目标、教学目标之间的关系。

第二,从体育课程目标设置的背景来看,有关人士应对体育教学体系的各因素进行全面的分析,即教师、学生、教学环境、课程内容等因素都是必须考虑的。另外,教师和学生的关系、学生和学生、学生和教学内容的关系也要加以考虑。

第三,从课程目标定位的角度来看,体育课程目标是学校整体体育课程体系的重要组成部分，也是整个课程体系的核心与基石。它与其他要素相互制约、相互联系、相互影响。因此，有关部门要综合考虑，全面平衡。

（二）体育课程目标体系要体现整体性

一个全面的体育课程目标，既要确保各阶段的课程目标之间有内在的关联性，又要有层次地逐步推进。全面的体育课程目标应该包括认知、情感体验、技巧三大要素，三者之间协调完美。在长期的课程研究与实践中，尽管注重三个方面的协调，但是在实施课程时注重的依然是认知能力的开发，而忽略了情感体验与技能的培养。

（三）学校体育课程目标体系要体现具体性

具体的体育课程目标就是要力求明确、具体，避免模棱两可、不切实际。体育教学的目的在于要解决"达成什么"这一问题。如果教学对象模棱两可，理解和把握不好，就会对"教什么""如何教""如何学""教得怎样"产生一定的影响，从而使教师的教学和学生的学习不能达到预期的目的。

（四）学校体育课程目标体系要体现层次性

所谓层次性，一是指课程目标体系本身的层次结构，二是根据具体的课程目标来体现分层的学习效果。学生要达到期望的学习成果，必须经过不同层次的目标需求才能达到，通常是由低水平的目标逐渐提升到更高的水平。例如，认识、理解、运用认知、模仿、掌握、完善、感受、认同等。同时，不同的学生所达成的目标在各个层面上都存在着不同的特点。因此，体育课程的目标也应该与之相适应。

五、学校体育课程目标体系要具有适应性

体育课程目标要适应社会的变迁，既要注重基本知识的学习，又要注重基本技能的训练，提高学生的基本素质；同时要着眼于学生的发展，强化"时代性"的教学目标，注重学生的能力与创造力的培养。

（一）现行体育课程教学目标分析

体育新课程标准强调了学生在体育活动中要充分尊重学生和教师的选择，要重视教学评估的多样化，这样才能充分调动学生的体育兴趣，培养学生坚持体育的习惯，培养他们的勇气和毅力，培养他们的意志素质，使他们在身体、心理和社会适应性上健康、和谐地发展，从而为提高国家的整体健康水平发挥积极的作用。新课标把体育课程目标分为运动参与、运动技能、身体健康、心理健康、社会适应五个

方面。

（二）现行体育课程目标体系的构成

学校体育课程目标体系是以"健康第一"的课程理念为指导，由横向、纵向、内在三个层次组成的课程目标体系。

学校体育课程目标的横向目标包括运动参与目标、运动技能目标、身体健康目标、心理健康目标和社会适应目标。

学校体育课程的纵向目标主要是不同学段所对应的水平目标，即小学阶段的水平1、2、3（发展目标），初中阶段的水平4（发展目标），高中阶段的水平5、6（发展目标），以及大学阶段的基本目标与发展目标。

学校体育课程的内在目标是认知目标、技能目标和经验目标。

（三）现行体育课程目标的结构特征

1. 横向结构更完善

目前，我国现行的体育与卫生课程目标在整体目标表述上并未与过去的身体发展目标、知识技能发展目标、道德发展目标等基本概念相悖离。从横向上看，体育目标是体育参与、运动技能、身体健康、心理健康、社会适应五个方面的目标。体育课程的五大领域目标包括两条主线：运动与健康。体育主线包括体育活动的参与和体育技巧，体育活动的主要内容包括身体的发展、心理的发展和社会的适应性。五个方面的目的是平行的，但它们之间有一种逻辑上的联系，即健康是"灵魂"，运动是"载体"。没有了体育教学的灵魂，体育教学就会迷失方向；没有载体，体育教学也就没有了生存的基础。在横向领域的目标群体上，学校体育课程目标体系是一致的。目前的体育与健康课程在课程目标的划分上，与以往的体育课程目标进行比较具有较强的针对性和指向性，能够较好地区分体育课程的价值和作用。

2. 纵向结构更详细

现行的体育课程目标体系从纵向上呈现为水平目标（水平目标群体），即小学阶段（水平1、2、3）目标、初中阶段（水平4）目标、高中阶段（水平5）目标，并设立发展目标（水平6）、大学学段（基本目标、发展目标）。以学生的身体和心理特点为基础建立的水平目标，反映了不同的目标之间的层次关系，从而使教学目标更清晰、更具有可操作性。

3. 内部结构更明确

当前的体育课程目标的内在结构主要有认知目标、技能目标和经验目标，与以前的教学目标比较，这一内在结构的表现更加突出。在体育课程五大目标中，每个目标对认知目标、技能目标、经验目标都提出了不同的要求。课程目标的内在结构也体现在课程目标、领域目标和层次目标的层次上。

（四）现行体育课程目标体系的层次性特征

1. 具有明确的递进性和延续性

当前的体育课程目标明确了五个方面的目标，并规定了不同阶段、不同层次要实现的具体要求。虽然没有对大学的领域目标进行进一步的细分，但是它的表达方式是各个学科的基础维度。体育课程目标的各层次对具体层次的特定需求呈现出渐进的特征。在体育参与目标中，"积极参加体育活动的态度和行为"的定义是：对体育课表现出学习兴趣—乐于学习和展示简单的运动动作—主动参与运动动作的学习—积极参与体育活动养成良好的体育锻炼习惯—说服和带动他人进行体育活动—积极参与各种体育活动并基本形成自觉锻炼的习惯，基本形成终身体育的意识和良好的体育锻炼习惯。因此，从这一点可以很容易地看到水平目标的递增关系。

2. 具有清晰的层次性

现有的体育教学目标在某个特定的层面上更能体现出学生的学习成果层次。学生的学习成果、知识的掌握、技能的运用都要通过不同的层次目标需求，通常是由低级的目标逐渐提升到更高的层次目标。该指标在表达上要有清晰的层次特点，并常常用于反映学生在完成课程的学习目的时所要表达的行动。

3. 表征形式具有多样性

过去的学校体育课程目标在课文表达上多采用宏观模糊的"普遍性目标"，而现行的体育课程目标在文本的表达上仍采用"普遍性目标"，但是在特定领域目标的表述上已经可以看出其他目标的雏形。

第三节 体育课程的教学内容

一、体育课程教学内容的含义

（一）具有系统性的学科知识

在课程理论中，有两种观点对教学内容的含义产生很大的影响。一种观点认为，教学内容是把知识灌输到学校的范围内；另一种观点认为，教学内容是某一科目中所要传授的知识，以及某些特定的事实、观点、法则和问题。前者是知识社会学的视角，后者是技术视角，二者均将教学内容视为间接经验或理论知识，存在一定的局限性。所以，这门课的内容到底是什么？《国际课程百科全书》把"课程内容"看作特定的事实、观点、法则和问题，这些都是在特定的学程中被包括的。特定的内容项目可以服务于不同的教学目的，而特定的目标可以通过不同的内容项目实现。此外，还有一些课程专家将课程内容视为一个问题领域、学校科目或学术科目。

（二）通过筛选的体育基础理论与运动项目知识的总和

学校体育课程内容是指依据体育课程的具体价值与目标，从人们的体育知识、体验系统中选取并按一定的逻辑顺序组织、编排的体育基本理论与运动项目知识。运动技能是一种以人体运动为基础，根据各种运动的技术特征，对其进行规范的体育知识。通过标准化的、具有运动项目风格特征的身体运动，体现了不同运动项目的身体运动需求。体育科学基本理论是体育项目标准化的重要基础，目的在于揭示体育项目技术和技能的合理性、科学性、有效性，以及对人体的危害。由于体育课程的内容不能涵盖人类的全部体育知识，因此只有在特定的条件下才能为个人的成长与社会化提供最有价值、最基本、最必要的体验。从某种意义上说，体育知识并不能被纳入体育教学的范畴，体育知识和技能必须经过精心的选择和合理的编排，才能构成体育课程的内容。

二、体育课程教学内容的性质与特点

（一）体育课程教学内容的性质

课程内容是课程系统的直观表现，也是其基础元素，其本质特征直接反映其性质和特色。因此，若明确体育课程的教学内容，就必须从整体上分析和理解体育课程的本质。体育教学内容是体育教学的一个重要环节，它与体育课程有着共同的特点。体育课程的教学内容与其他科目的教学内容存在很大的差别，这就是体育课程的动态特征，即体育教学的内容以体育项目为主，以多种形式的体能训练为主，与学生的实际训练密切相关。因此，体育教学也有自己的特点。

1. 具有教育性

体育教学内容是体育教学的载体和媒介，因此，在选择体育教学内容的时候，应从体育教育、心理教育、社会教育和文化教育等方面入手。它体现在促进学生的身体和心理发展，养成良好的行为习惯、生活习惯和坚毅勇敢的性格。

2. 具有科学性

体育课程内容是一种科学的、有规律的教学内容。它具有人体科学原理、科学运动原理、科学训练原理、人文社会科学原理等方面的丰富内涵。体育教学的内容对科学、人文等方面有很高的要求，在教学内容的选取和编写上要遵循严格的规范、科学的依据、合理的教学原则。

3. 具有系统性

体育课程内容的系统性主要体现在内容与内容、项目与项目、技术与技术之间的某种关联与制约，从而构成了体育教学内容的内在结构。

4. 具有运动实践性

体育教学的主要特征是体育教学的实践性，它的主要特征体育教学的主要内容是以身体锻炼为主，与体育实践活动密切相关，学生在体育教学中通过大的肌肉群动作来完成体育教学的内容。这里不可否认的是在体育教学中，也存在着一些理论知识。例如，人们对科学的认识、对道德的认识都需要在身体的锻炼过程中，由身体的肌肉感受和记忆来实现。

5. 具有健身性和娱乐性

体育课的健身性是其他科目所不具备的。体育教学是以体育活动来进行的，在课程的学习过程中不可避免地会对学生的身体产生一定的运动负担，对学生的体能训练也有很大的帮助。然而，体育课教学人员始终致力于实现体育课内容的"健身性"，即科学地进行体育课的设计与控制、体育内容的合理搭配、运动负荷的合理安排等。体育教学内容主要源于多种体育锻炼，而人体的各类体育活动大多源于休闲体育，因而体育课程内容在体育教学中具有重要意义。例如，体育教学中的竞争心理、协作心理、克服心理、行为表现等心理体验，同时也体现在学习进步中的成就感。

6. 具有人际交流的开放性和空间的约定性

在运动学习、训练、竞赛中，人际交往与交流活动是经常发生的，从而形成开放式的人际沟通。体育教学的教学内容是基于开放的人际交往，形成了一种特殊的集体精神。所谓空间的约定性，即教学内容的实现取决于具体的空间和场所，如果缺少了这些空间条件，体育教学内容就会发生本质上的改变，乃至消失。

（二）体育课程教学内容的特点

体育课程的教学内容除了具备以上特点外，还存在一些特殊性。

1. 体育课程内容内在的逻辑关系问题

与其他学科相比，体育课程的突出特征在于课程内容与内容之间缺乏必要的逻辑联系，呈现出非逻辑、非系统性等特征。体育教学内容的划分通常是以运动为主，各部分之间存在着平行或并列的关系，各项目之间缺少逻辑，如篮球、排球、体操、武术等难以建立其顺序问题，难以找到项目之间的内在规律和顺序性。因而，体育课程没有表现出与其他学科一样严密的智力逻辑系统，也没有表现出以体能能力开发为特点的知识和技能系统。这也就是说，从众多性质各异的体育运动中发展而来的体育文化（如知识、技能、规则）之间没有任何逻辑上的联系，没有从低到高的关系。然而就运动项目本身的知识、技能系统或类似的项目，存在着先行后继、基础与提高的关系，这主要表现在体育教学内容的逻辑系统的选取与编排上要兼顾初中、高中、大学的一贯性，也就是所谓的基础与逻辑性的统一。因此，相关部门在编排教学内容时，不能完全根据学生的准备情况和难度来编排教材。

2. 体育课程内容存在"一项多能"和"多项一能"问题

"一项多能"是指一项运动可以达到多种体育目标，比如体育舞蹈可以同时具有健身、表演、比赛、娱乐、交流等功能，也就是说人们通过学习和掌握一项运动技术，可以满足自己的各种需要。"多项一能"是指体育活动的替代性，同一目的可以由多种运动方式来达到。条条大路通罗马，这就导致了在体育教学中没有"必须学""不可替代"的体育活动，即"缺少"了"条条大路通罗马"。

3. 体育运动项目数量庞大、内容庞杂，难以归类

体育活动种类繁多，数量不明确，各个项目都有其特有的娱乐与体验。不同的运动技巧，需要的体能也是不一样的，而且还会受到一些干扰和影响。因此，即使是最好的学生，要想掌握多项运动的技巧也是一件非常困难的事情。

体育课程内容应具备其自身的教育性、科学性和系统性，同时具备体育教学的实践性、健身性、娱乐性，以及人际交往的开放性和空间的规律性。只有满足体育课程内容本质特征的体育活动，才能被纳入体育教学活动中。

三、体育课程教学内容选择的影响因素

知识是课程内容的基础，在教学内容的选取上应充分考虑到人类科技知识与科技自身的特性和发展趋向。

首先，体育教学的基本理论知识、运动项目是体育教学内容的直接源泉，而体育教学内容的选择也受到其发展要素的限制。随着体育知识的不断增长，体育活动的种类也越来越多，体育教学内容的选择也越来越多。如何在浩瀚的知识库中选择最基础、最具有代表性、最有价值的体育理论知识与运动项目，是选择最关键的技

术环节。

其次，体育教学内容的发展与更新是影响体育教学内容发展与更新的主要因素。随着体育知识的快速发展，新的体育项目的发展也越来越快，体育教学内容的更新也越来越快。然而，由于其自身的相对稳定性，其内容的更新必须与体育知识的更新速度以及其发展过程的可持续性相适应，即体育项目的学习不仅要掌握这项运动的基本技能，还要为今后的学习与发展打下坚实的基础。

最后，知识结构是影响课程内容结构的重要因素。知识本身是具有结构性的，它包含了横向和纵向两种结构。知识的横向结构是指某一学科的知识，包括事实、概念、术语、原则、体系等要素，各学科的具体组成要素各有差异；它的横向或纵向都会对课程的选题与编排有很大的影响。

因此，在课程内容的选取和影响因素上，应正确处理社会、学生、知识等因素，以达到平衡。另外，对某个领域的过度重视，会导致教学内容的偏颇。

四、体育课程教学内容选择的依据

学校体育课程的设置和课程目的是一致的，它有着自己的科学基础。只有对学校体育课程的规律、特点、性质和价值进行正确的界定，才能使体育课程的教学目标得以实现。

（一）社会发展需要是客观依据

体育课程目标是体育教学的起点和终点，根据课程目的而进行的，它是对体育课程目标的具体体现，也是对体育课程本质最直观的体现。体育课程的教学目标与教学内容是相适应的，其目标又与教育政策、教育目的相适应，与社会、政治、经济发展状况密切相关。从这一点可以看出，体育课程的目标与内容既受到社会发展的制约，又服务于社会的发展。因而，在体育教学中，对学生的综合素质发展提出了更高的要求。

（二）受教育者身心发展规律是最终标准

不同年级的学生在身心发展、竞技能力和体育需求方面存在着明显的差异，这就限制了体育教学内容的选用。

体育教学内容的选取要与学生的身体、心理、运动水平相适应。一是不适应学生的身心发展和运动能力，会给学生的学习带来困难，让他们因为不会而产生消极的情绪，打击他们的学习热情；二是因为他们缺乏体能，导致技术变形、运动损伤；三是体育教师达不到预定的教学目的，影响了体育课程的实施。20 世纪 60 年代，美国基础教育的整体素质出现了严重下滑，这是因为在新课程改革中，人们对学生接受能力的认识存在着严重的偏差。体育作为一门特殊的学科，它要求学生通过身体运动来完成课程的教学内容。因此，在体育教学的选材上应充分考虑到学生的身体和心理发展的规律，为不同年龄段的学生制定相应的课程。

五、选择体育课程教学内容的原则

中华人民共和国成立以后，我国的学校体育课程内容不断地发展和完善，其间经过了数次教学大纲的修改，在教材内容的选取上存在着差异。

体育教学内容的最终目标是达到体育课程的目标，所以体育教学内容的选题应从与课程目标相符的角度进行。体育教师在进行选修课程时，首先要考虑的是课程内容是否可行；其次，体育教师在选修体育课程时是从体育教学的角度来选择的，它既是教学的载体，也要遵循"以人为本"的思想，从某种意义上来说可以解决学生的体育学习需求。

（一）一致性原则

一致性原则是指所选的体育课程的内容必须符合体育课程的教学目标，而且是健康的、教育的、文明的，具有体能的时间限制的。在教学内容上要兼顾学生的个性，体现出一定的体育精神，并尽可能地选取具有中国特色和本土特色的内容。

（二）教育性原则

教育性原则是指体育教学的内容本身就具有教育意义，它可以在一定程度上促进学生的发展。例如，提高体育文化知识，培养竞争意识和社会规范意识，培养学生的心理素质和良好的思想品德，掌握和运用体育运动技术，培养体育历史文化，这一原则与其他原则相比似乎宏观了一些，不太容易把握和判别，但体育课程归根结底是学校课程的一部分，担负着教育的责任。体育教学的主要目的是通过体育锻炼来达到体育教学目的，所以在教学内容的选择上应充分考虑教育性问题。

（三）健身性与安全性原则

健身性与安全性原则是指体育教学内容应当有利于学生的体能训练、提高运动技术，同时保证教学活动的安全。在目前的学校教育中，安全问题占有举足轻重的位置，它是学生健康成长的第一先决条件和保证。另外，体育活动本身存在着安全因素，其内容应当是在体育教学中不具备危险性的内容。

（四）可行性原则

可行性原则是指体育教学的内容必须与本地区的学校的物质条件、教师的能力、学生的现实状况相适应。任何有价值的教学内容都要有教师的条件、所需的场地、设施条件、地域条件和自然环境等条件，不能满足上述要求的教学内容就不能有效地执行，也就没有现实意义。

（五）趣味性原则

趣味性原则是指体育教学内容能吸引广大学生，让他们在参加体育活动的过程中体会到体育的快乐。在体育教学中，应从教学目标的一致性、可行性等方面，选择有趣的内容作为体育教学内容。

（六）社会性原则

社会性原则是指体育教学内容在符合以上几个基本原理的前提下，尽量符合当前和地方体育的特点，符合现代体育发展的潮流，提高体育教学的实效性。

在确立了选修课的基本原则后，我们从中看到许多问题。如体育教师中，更多的人相信体育课的教学内容应该具有健身性，然而在选修课程时，首要的考量并不在于运动的价值，而在于学校的条件。体育教学中存在的问题，一方面在于体育教师不了解体育教学的基本条件，把所有的体育活动纳入体育教学中；另一方面，体育教师必须清楚地认识到体育教学的教学目标应符合一定的条件，而在具体的选择和实施上并没有按照课程的内容来进行。总之，体育教师在选修课程内容的时候，并没有严格遵循选修课程的原则进行选修。这必然会影响体育教学内容的选择，进而影响课程目标的实现。

第二章

体育课程的实施现状

　　课程实施作为一种重要课程形式，在课程体系中扮演着极其重要的角色，是实施课程改革的主要途径。加拿大著名教育家和课程专家迈克尔·富兰曾经说："过去25年来的教育改革很少能达到预期的效果"。本章主要论述体育课程实施体系的构成要素，分析体育课程的实施现状，并提出建议。

第一节　体育课程实施体系的构成要素

　　课程实施是将课程规划落实到实际工作中的重要环节，也是实现既定课程目标的根本方法。这也就是说，课程实施是在学校内部进行的一种体育活动。学校体育课程实施系统是在课程思想的指引下，从实施主体、实施途径、实施环境、实施效果各个方面形成的有机整体。体育课程的实施主体包括体育课程的执行者、课程学习的参与者和实施的保障者，即体育教师、学校校长和学生都是课程实施的重要因素。实施路径是课程实施主体与课程学习主体的互动关系，即体育教育。体育课程实施的环境是教学活动的主体和手段的依托，如果没有活动的环境，体育活动的开展将会丧失其生存的土壤。课程实施效果是指在实施环境下，实施主体在实施环境中所发挥的作用，也是课程实施的终极目的。课程实施的成效体现在学生主体上，同时也能向教师、校长反馈，有利于课程实施方案的修正和完善。而作为体育教学内容的辅助，虽然在实践系统中处于边缘地位，但也起到了一定的作用。

一、"人"是学校体育课程实施的直接主体

　　体育课程的实施人员多种多样，包括课程设计人员（课程专家、体育教研员、

政府相关部门决策人员）、体育教师、学生、学校管理者（校长、课程管理员）、学生家长等。这是一种以多元为主的结构。在整个课程设计与实施过程中，教师教师之间会对课程实施产生一定的影响，但他们扮演的角色却各不相同。学校作为课程实施的中心，在整个课程实施中，学校的影响力是不可忽略的重要因素。体育课程实施主体的研究仅限于学校层面，即体育教师、学生和校长，尤其是体育教师。

（一）体育课程实施中的教师角色定位

体育课程实施的主体是体育教师。体育教师的第一要务是实施体育课程，其实施的成功和质量首先依赖于体育教师的工作，而体育教师的角色定位则是对体育教师在课程实施中的地位和作用的一个很好的诠释。

"角色"是一种戏剧语言，后来被引入社会学、心理学等学科领域。在这些专业领域中，社会文化是起决定作用的。社会对每个人的特定的期待或者标准的需求，决定着个人在这个位置上所要做的事情和所要达成的目标。因此，教师的角色与课程的实施有着密切的联系。

1. 体育教师是体育课程的传递者

从某种程度上讲，体育课程的实施就是向受教育者传授体育知识的过程。把体育课程传授给学生，其实就是一个"教"的过程，这个过程要由学生参加运动来完成，也就是"学"。"教"的内容包括体育知识（技能）的传授、学习活动的指导、体育活动的激发、体育锻炼的组织，与学生交流、个别辅导纠正错误、答疑等。这些运动课程包含了由专业人士和体育教师自行设计的，有事先安排的，也有在教学过程中不断进行的内容。

2. 体育教师是体育课程的学习者

为了使体育教学能够顺利地进行，教师自己要对课程进行学习和完善。教师的课程学习包括两个方面，一是要创新体育教学内容。体育教学内容多样、丰富，在技术结构和实施标准等方面存在较大的差异，体育教师以前所学的体育基本功未必能适应新课程的要求。因此，体育教师必须掌握与其自身知识储备相对较少的体育项目。二是要学会新观念、新思想、新方法、新技术。随着科学技术的飞速发展，课程知识的更新也越来越迅速，体育教学的技术水平虽然没有太大的改变，但是课程理念、课程思想和新的教学技术仍有其存在的必要。另外，体育教师要了解有关体育活动的各项知识。目前，信息传播的速度和方式都发生了根本性的改变，学生获取知识的渠道多种多样，体育课程不再是"一身堂"，有些时候学生对某些流行的体育知识的掌握程度已超过了教师所能理解的范畴，若不能适时地增加新的内容，就会让学生对教师的领导地位产生怀疑。

3. 体育教师是体育课程的领导者

在课程领导日益民主化，教师专业化、自主化日益加强的今天，教师在课程教学中的主导地位和作用日益凸显。在课程实施过程中，体育教师的领导责任主要体现在四个方面：第一，教师制订了具体的教学计划和实施计划；第二，开展体育课程实施的宣传和动员，带动其他教师、学生和相关工作人员的积极配合和协调；第三，教师在课堂上进行具体的组织，搞好体育课，这也是教师最基本的工作；第四，起到监督、调控和反馈的作用。

4. 体育教师是体育教育的研究者

在某种程度上，体育课程的实施是一个学习活动的过程，包括设计教学方案、组织实施、反馈实施效果、调整课程内容。通过对体育教师教学活动的研究，可以提高教师的教学水平，促进教师职业发展，实现其生命价值，从而使其在业务素质、教学水平、学术研究、课程创新和文化建设等方面都取得一定的成绩。

5. 体育教师是体育课程的建构者

在体育教学活动中，教师不仅要完成课程的设计，而且要在教学活动中完成自己的任务。在"教"到"学"的全过程中，体育教师要从自己对体育课程的目的和内容的认识出发，把体育课程的目标转换为具体的、可操作的目标。同时，根据《体育课程标准》和《全国普通高等学校体育课程教学指导纲要》的要求，结合教学目的，合理地选择合适的教学组织方式和教学方式。这些活动的产生和发展表明，体育教师在实施体育课程的同时，也是学校课程实施的内在因素的选择和构建。特别是在当前体育教学改革的背景下，新的体育课程仅提供了一种导向的教学模式，而具体的教学内容的选取与安排则是由体育教师根据实际情况来进行的，这就为体育教师的教学活动提供了广阔的空间，同时也为"课程建构者"这个角色的实现提供了一个很好的平台。

6. 体育教师是学生学习的合作者和交流者

体育教师要尊重、理解、平等地对待学生，特别是体育基础较弱的学生，教师要引导他们积极地参加体育课，获取体育知识，体会成功的喜悦。教师要创造一个轻松、自然、安全的学习氛围，让学生有自信地参加体育学习。

总之，教师在实施课程的过程中，教师的角色定位是教师的中心和领导，教师的职业素养必然会对实施的结果产生一定的影响。

（二）体育课程实施中的校长角色定位

校长是学校的灵魂，是学校的最高"执行官"，是学校的"执行者"，是学校所有学生、教师和上级教育行政部门的"桥梁"。校长既是学校的决策者，又是学校的课程决策、课程教学的指导者和设计师。在课程改革、课程权力日益分散，地方教育机构与学校拥有更大的自治权的今天，校长在课程设置、实施、课程环境改善、教师工作上都拥有绝对的发言权。教育改革的成败，关键在于校长。在实施教育改革的过程中，校长扮演着至关重要的角色，由校长支持、教师理解的教育改革，比不支持、不理解的改革更易于执行。可见，在高校体育教学中，校长在体育教学中的角色不可忽略。

1. 校长是体育课程实施的决策者

学校的各项工作由校长说了算，而体育教学的执行也是如此。校长的决策地位体现在三个方面：一是执行上级教育部门关于体育课程的文件，由学校的校长向体育教师传达，并确定具体实施时间、步骤、人员和实施程度。二是在体育课程设置、学时设置、课程设置甚至课程内容设计等方面做出了决定。例如，体育馆周围有教学楼，没有设置足球项目，担心把玻璃给摔碎；为了安全起见，许多学校的单杠、双杠等体操项目已经消失，就连操场上的设备也被拆除。三是校本课程的发展，尽管校本课程的制定是学校与教师的共同努力，但最终还是要由学校的校长来决定。

2. 校长是体育课程实施的设计者

校长是学校发展的愿景和发展计划的设计者，它的发展规模、发展特点、实施水平、课程研究和课程绩效等都是由校长参与设计的。这也就是说，校长对学校体育课程的定位，将直接影响到其在学校工作中的地位与发展前景。

3. 校长是体育课程实施的保障者

校长掌握着学校所有的资源。一是体育教学的人力资源保障，学校的校长有人事决策权，学校的体育教师和师资队伍要由校长负责；二是体育课程的教学和教学的物质和设备，校长要保障体育教学的场地、设施和器材；三是经费保障；四是时间保障。此外，还要保证体育课程的实施。这一切都有赖于校长对学校体育课程的认同与支持。

4. 校长是体育课程实施的监督者

学校的体育课程开发与实施，学校体育教学与课外体育活动的正常开展，教师队伍的组织建设，体育课程实施的成效，都由校长负责。

此外，学校与政府、家长、社会各个环节、机构之间的关系也要由校长来协调。

（三）体育课程实施中的学生角色定位

学生是体育课程实施的直接参与者，也是接受体育课程教育的对象。大学生对体育课程的认识和喜好会影响到学生的主动性，进而影响到教师在学校体育教学中的贯彻落实，并对其实施效果产生一定的影响。在实施体育课程的过程中，学生是教学活动的参与者和接受者，更是教学课程的主体之一。

二、体育教学和课外体育活动是体育课程实施的重要途径

体育课程的实施途径是把体育课程计划、方案等从文字材料转化为课程实践活动，从而实现体育课程目标的实现。在体育课程的实施中，其核心就是体育教育。此外，课外体育是学校体育工作的一项重要内容，它是一种辅助性的手段和方法，以达到体育课程的目的和要求。

（一）体育教学是体育课程实施的主体途径

体育课程是学校体育教学计划中规定的必修课，也是学校体育教学的基本组织形式，还是实现学校体育教学目标的主要途径。

体育教学在传授知识、技能形成、智力培养和个性发展等方面具有重要作用。四个方面相互联系，相互渗透。知识传授即传授体育学科基础理论知识和运动技术技能知识、技能形成即根据运动技能形成规律，帮助学生掌握运动技能，发展运动能力。知识传授是技能形成、智力培养和个性发展的基础，运动技能的形成过程和体育知识的传授过程是相互依存、不可分割的。而智力的培养与个性的培养，则建立在知识传授与技能形成的基础之上，是体育知识传授与运动技能形成的辅助产物。

（二）课外体育活动是体育课程实施的辅助途径

目前，学界对课外体育活动的理解是多种多样的。第一种观点认为，课外运动是指除了体育课之外，学生在校外参与的体育活动。第二种观点认为，课外运动是指以健身、保健、娱乐为目的的课后体育锻炼，以提高体育技术水平为目的的课后体育锻炼，以充实学生课后的精神生活。

学生课外体育活动的功能是满足学生对体育的需要，有效地促进学生的身体发展和身体素质；加强学生在体育课上所学到的知识和技术技能。

三、教学环境是体育课程实施的基本保障

（一）体育课程实施环境的含义

体育课程实施作为一种以师生为主体的体育教学实践活动，其实施过程具有自

身的特殊性和密不可分的特点，同时也会对其实施的行为产生一定的影响。体育课是体育教学的重要组成部分。体育课程的实施环境，即体育教学环境。

体育教学环境是一种特定的环境，广义的教学环境主要包括社会制度、科学技术、家庭条件、亲朋邻里等；狭义的教学环境指的是学校教学活动的场所、各种教学设施、校风班风和师生人际关系等。本文所论述的课程执行环境正是在狭义的范围内进行的。因此，体育课程的实施环境是体育课程的实施（教学）场所、各种体育场馆、体育设施、体育器材、学校风气、师生关系等方面的综合。

（二）体育课程实施环境的类型

根据环境的特性，学校体育课程的实施环境可划分为"软、硬"两大类。硬环境是体育教学活动的物理环境，包括体育场馆、设备、教材、多媒体、地理环境、体育经费等，而软环境是体育课程实施的制度环境、理论环境和人文环境。

第二节　关于实施体育课程的建议

一、充分发挥主体的积极作用

体育课程的主体是多样化的，发挥主体作用的策略涵盖各个层次的主要策略。作为体育教师，充分发挥体育教学的战略作用是体育课程实施的核心问题。关于体育教师的角色，笔者仅简要介绍了充分发挥学生和学校领导作用的策略。

（一）充分发挥体育教师的积极作用

1. 体育教师加深了对课程的理解

人们埋解和了解的越多，他们的行动就会越有效。如果体育教师不了解课程，那么他们实施课程的成效就会很低。例如，体育教师根据课程内容调整体育教学方法后，新课程突然成为体育课程的具体内容，内容所完成的任务或目标改变了以前具体可行的课程，也改变了原有的具体内容。教材分为普通课程和高级课程，这就要求教师在课程内容设计上完全自主。体育教师无法适应这种情况，更不用说理解为什么会发生这种情况、应该取得什么成绩、这个成绩如何帮助学生和体育教师发展，给体育教师带来了一系列困惑和困难，甚至可能会盲目跟风。因此，为了保证体育课程的顺利有效实施，有必要确保教师的学习能力和对课程的理解。

2. 组织和鼓励体育教师实施课改

课程的实施是一个不断更新和变化的过程。为了使教师能够在课程实施过程中不断改进、适应和补充体育教育，经常需要进行课堂改革，促使体育课充满活力。班级和学生体育教育是体育教师展示道德、知识、才华和能力的舞台，也是有针对性的教学方法，还是展示自身示范和身体的舞台。这就需要教师能够做到照顾学生、品德高尚，具有丰富的体育文化知识、体育技能和组织课堂的能力，以及了解课堂真实情况的能力。这样，我们就必须不断研究和创新现代体育教育，以改革教育。只有实施这种动态的体育教育，体育课程才能真正成为学生感兴趣的热门课程。

3. 加强体育教师的专业教育和培训

体育教师专业学习与培训是体育教师学习相关的理论知识和技能，特别是课程意识、课程理念、课程改革知识、专业界限、新体育教育、新教材、新方法，以及新的教学形式和课程结构等的重要途径。其主要方法如下所述：

一是专家咨询，即邀请体育课程和教学领域的知名专家，为体育教师设立具体项目，通过听取理论知识、科学报告和讲座进行自我介绍，拓宽视野，提高自身素质。质量提升方面，第一点是邀请体育领域的课程实践者，访问教学情况，诊断和评估教学过程，联系体育教师分析过程、发现问题、总结经验、提高水平；第二点是通过个人建议、网络互动和助教研究，联系专家指导体育教师提高专业素质。

二是基于体育教师所在学校和体育教育学校资源的校本教育和研究，解决学校体育课程的实施问题，利用学校的力量进行教师培训和学习。

三是大学合作与职业培训。合作大学必须密切沟通，了解体育课程实施中的具体问题，进行有针对性的培训，为体育教师提供最需要的专业学习材料。在这一过程中，不仅提高了大学生的教学能力，而且要求体育教师重视企业管理，提高自身水平，更好地引导学生。

四是短期培训和技术学习。各级教育部门定期组织体育教师相关专业培训，不断充实体育教师队伍。

五是体育教师可以通过自学进行专业学习，这也是教师最实用、最便捷的学习方式。

4. 培养体育教师反思教学的习惯和能力

反思性实践包括体育教师持续、系统和深入的课前反思（对备课和体育教案的反思）、课堂反思（对课堂上每节课的反思）和课后反思的实践。通过这种反思实践，教师可以发现自己在备课、教学、课后总结等方面的不足，并学会及时纠正，不断提高课程实施的效果。同时，帮助体育教师采取适当的教学措施，使体育教学生动，培养师生之间的良好情感，有助于教师形成基本的实践原则，提高体育教学的实践能力和水平。

5. 体育教师应正确认识和理解学生的主体情况

在体育教育的实施过程中，有两个积极的主体，一个是体育教师，另一个是学生。这两个主体的定位不同，但都是体育教育课程实施的主要组成部分。本课程的定位原则从一开始就决定了学生在参与课程时处于相对被动的地位。参与体育教育的学生最初作为主体存在，并参与各种活动。学生的地位首先是教学的主要部分，其次是学习的主要部分。

第一，学生是发展中最重要的权威。他们的身心发展不成熟，对事物的感知缺乏判断力和理解力，对体育知识的理解不完整，不能很好地辨别什么是有用的知识。学生对体育知识和经验的需求主要基于个人兴趣。然而，作为一门课程，它应该是学术性的、完整的和知识性的，学生不能掌握它。体育教师和学生必须激发和促进他们对体育的兴趣。

第二，学生的自主性受教学理念和课程理念的影响，但在课程补充的过程中，学生的自主性必须由体育教师来控制，这与课程本身的性质和要求密不可分。

第三，学生是组织体育教育课程的主要群体，也是主要的学习者群体，他们主要接受体育教育的间接理论经验和直接实践经验。学生有学习体育的主动权。学生积极参与体育学习活动，使体育教师能够根据自己的知识经验系统和兴趣动机将知识和技能转化为自己的认知结构。教师在给学生上体育课时，可以使用"研究性学习""自我指导学习"或"接受性学习"的方式进行教学。

6. 处理好体育教师与学生之间的关系

学生是体育学习的主体，这一点已经得到体育教师的认可。体育的主体性体现在课堂学习活动的选择性、自主性、主动性和创造性上。学生作为体育教育和体育教育的对象，也表现出被动性、依赖性和模仿性的特点。在体育课程的实施中，既要充分发挥体育教师的主导作用，又要重视学生的主体作用，强调学生的主体性，处理和协调二者之间的关系，保证体育课程的顺利开展。否则，将从重新教学和重新学习的一个极端走向另一个极端，强调学习而不是教学。

此外，学校应加强体育教师的课程研究和教学文化建设，引进和完善相关政策制度，为体育教师实施体育课程提供政治保障。

（二）提高学生热爱体育素质的措施

学生是体育课程实施的主体。体育课程的目标应该体现在学生身上的学习成果，即课程对学生身心发展的影响。如何充分发挥学生在体育课程实施中的关键作用，主要包括以下六个方面：

1. 提高学生的体育意识

评估并进行对体育的价值、重要性和功能的深入研究，让学生清楚地了解体育在学校课程中的性质和地位及其与学生的关系，使学生形成正确的体育观，了解体育课程对学生自我发展的作用。

2. 培养和提高兴趣

兴趣是最好的老师。教师可以鼓励学生积极探索、发现机会，从中找到乐趣。

3. 给予学生主体作用空间，鼓励学生积极思考

积累经验，邀请学生参与体育课程讨论，尊重学生意见，合理接受建设性的建议。

4. 充分发挥学生群体在体育中的骨干作用

建立合作互助团体，使有良好体育基础的学生有机会帮助他人，巩固他们的成就感；让身体不好的学生得到帮助，获得运动经验，建立自信。

5. 开展丰富的体育活动

鼓励学生以集体荣誉感积极参加体育课。锻炼后，开展丰富的课外体育活动，并对参加体育竞赛、体育艺术节、班级竞赛等形式的活动提出要求。多做全员活动，善用学生。引导学生增强荣誉感，尊重班级，激励学生。强化学生体育锻炼意识，促进其积极参与体育锻炼。

6. 鼓励学生

体育兴趣受外围因素的影响，这里提到的外部因素包括相关部门的制度、社会的驱动力和家庭的影响。

二、改进体育课程实施的对策

体育课程的实施可从以下四个方面进行改进：

第一，改变体育教育的现状。体育教育是课程实施的最重要手段。因此，提高体育教育的效率是提高体育教育实施的首要途径。一是确保体育课程中规定的时间：二是在确定课时时，要按照国家要求严格执行各级学生体育课程的课时，不能因各种原因减少体育课程的数量。第二，防止其他课程和活动占用体育课，不得以任何理由中断体育课或占用体育时间。第三，改善课程本身的有效教学时间，以及改变和改善体育课程的组织。体育是传授体育知识的课程形式。体育活动是一种手

段，但不是一般意义上的自由体育活动。体育活动是创造体育知识的途径。体育活动应以知识转移为基础，要有计划、有组织、有针对性，还要融入体育教育。换句话说，体育知识是本质，体育活动应该是手段。第四，提高体育教师的专业素质、敬业精神和责任心，使体育教师精心设计每一节体育课，认真开展每一节体育课，使体育课真正激励学生学习体育课，唤醒学生的求知欲，激发学生的学习积极性。

此外，我们应积极寻求和发展进一步的支持方法，以实施体育课程，如家庭支持、社区支持模式等。

三、改善体育课程实施环境的对策

目前，学校体育课程的实施环境不容乐观。无论软件环境还是硬件环境，都存在一定的缺陷。这种情况很难改变。

（一）软件环境的改进

一是加强体育课程实施体系建设，完善制图学习体系的各项政策、法规和教学文件。二是在体育理论和课程理论方面加强学科理论体系建设，提高体育人才素质。三是建设和配备足够的体育教师，加强教师培训。四是加强校园体育文化建设，促进学生发展。激发体育兴趣，全面推广体育文化，加强校园体育文化建设，拓展学生体育素养。了解体育文化，激发学生的各种宣传渠道，包括学校宣传窗口、校报、校园网和体育艺术节等。各种宣传内容包括世界冠军、体育明星、奥林匹克知识、体育建筑和体育海报等。

（二）硬件环境的改善

一是出台相应的指导方针，对体育器材设施的配置做出规定和要求，制定相应的控制和保障措施。二是规范体育经费和教育经费的投入，专款专用。同时，加大投入，通过多种方式筹集资金，提高体育经费水平。三是充分发挥学校优势，弘扬自强不息的精神，鼓励艰苦奋斗，建设快乐体育。根据学校情况，充分利用现有资源。四是加强体育教材和师资建设，为体育课的实施创造良好的知识和物质环境。

第三章

体育教学论发展研究

第一节　体育教学论的定位分析

体育教学论是一门完整的学科，它有明确的学科定位。而从学科建设的角度上来看，它基本以如下逻辑展开，基于一个明确划分圈定的对象，运用一个特殊的研究方法，衍生出一套特定的学科概念、范畴，形成了一个逻辑严密、内在凝聚性强、高度一致的成熟理论体系，从而拥有了一个学科的头衔和标志。

然而，自1988年四川教育出版社出版的第一本《体育教学论》到2004年将体育教学论从学校体育学中分化出来，成为一门独立学科之后，体育教学论就一直在学科性质、研究对象、范畴及研究方法体系等学科问题上徘徊不前，甚至有学者对体育教学论是不是一门学科都比较质疑。本书中的一个重要部分就是要从学科的基本要素出发，对体育教学论的学科地位进行定位分析，并以此为基础，为本书起到承前启后的作用。

一、体育教学论的学科性质

学科性质是学术的分类特质，指一定的科学领域或一门科学分支特质。对一门学科性质的认定，关系到其在科学领域的归属和分类等许多重要问题。体育教学论的学科性质问题是这门学科得以确定的基本问题，体育教学论之所以能够独立于其他学科而存在，就是由其特有的性质决定的。那么，体育教学论的学科性质是什么呢？

按照目前体育教学论已有的科研成果及社会科学中对学科性质整体归类，我们学科的性质分为三类：理论科学、应用科学、理论兼应用科学。当然，我们对体育教学论的学科性质的界定还不能简单地套用上述三类。因为，对学科性质的界定还必须综合考虑这门学科的相关特点和相关的概念，同时还受其他相关学科性质的影响。

体育教学论是分科教学论的组成部分，因此体育教学论的学科性质首先受教学论学科性质的影响。而人们对教学论学科性质的研究也有一定的分歧，也是在不断演变之中。17世纪夸美纽斯在《大教学论》中就指出，"寻找一种教学方法，使得教员可以少教，但是学生可以多学"。在这里他主要关注的是研究教育，教学的技巧、操作方法和策略等。这种教学研究的观点，长期以来得到西方学者的赞同。持有这种观点的人，侧重于把教学论定位到研究具体的教学操作方法和技术的学科。

我国部分学者也对体育教学论的学科性质做了思辨性研究，如张学忠、毛振明在通过考察现代教学论的研究成果和体育教学理论研究及发展基础上，根据现代教学论的思维观和方法论，以及体育教学论知识体系的组成和功能特点指出，体育教学论是集理论性和应用性于一体的综合性学科。前者说明体育教学论是研究体育教学现象和特征、本质和规律等基本问题，不断提高体育教学基础理论的科学性和系统性，含有理论性学科的特征。后者说明体育教学论研究的基本理论要运用体育教学实践，从而指导和服务于教学实践，含有应用性学科的特征。因此，体育教学论具有综合性学科的特征。此外，还有学者认为体育教学论属于应用理论研究，其研究的根本途径在于通过研究体育教学活动和现象，揭示体育教学的客观规律；通过建立具体而系统的体育教学范畴和理论体系，说明和解决体育教学活动的关系和课题，并运用到体育教学实践中去。

本书认为，体育教学论作为教学论的分科教学论，它的学科性质要在综合教学论的认识基础之上，并且结合体育学科自身的特点，概括出体育教学论的学科性质。体育教学论不仅要有体育教学理论知识的教学，而且要把这种理论应用到实践教学，这是体育教学论的特色。体育教学论既要根据体育教学实践发展的需要，总结出各种类型的具体教学模式、教学策略、教学设计方法、技术等，同时还要在这些实践中总结、抽象概括出普遍的规律，以便更好地指导理论教学。因此，这就体现出了体育教学论既有理论学科的性质又具有应用学科性质的特质。立足于上述众多专家、学者的观点，本书最终把体育教学论定位为实践性很强的理论型应用学科。

二、体育教学论的研究对象

任何一个学科的发展都应有个核心领域，也就是说，都有其特定的研究对象。

特定的研究对象是一门学科产生和存在的客观依据。因此，明确体育教学论的研究对象是实现体育教学论科学化的首要问题，对体育教学论的学科建设与发展具有十分重要的意义。那么，体育教学论的研究对象是什么呢？究竟如何确定体育教学论的研究对象呢？

针对上述提出的问题，本书认为要确立体育教学论的研究对象，我们必须把握四个方面：一是体育教学论所确定的研究对象是客观存在的，但这并不是说体育教学领域中所有客观存在的都是体育教学论的研究对象。二是要区分体育教学论概念的定义与体育教学论的研究对象。体育教学论的定义是揭示"体育教学论"这个概念所反映的对象的本质属性，体育教学论的研究对象是指体育教学论要研究什么。三是要区分体育教学论的研究对象与研究任务。体育教学论是研究体育教学一般规律的科学，并不等于体育教学论的研究对象就是教学规律。四是体育教学论的研究对象是由它所要解决的特殊矛盾的任务决定的。假如界定体育教学论的研究对象，就要弄清体育教学论所要解决的特殊矛盾是什么。体育教学论之所以区别于其他学科，是因为它是研究教与学的矛盾。因此，要抓住教与学这一本质的联系，也就抓住了教学研究的根本。五是要区分体育教学论研究的客体与研究对象。体育教学论研究的客体是整体的体育教学活动。我们不能把研究的客体纯粹地等同于研究对象。因为，"体育教学活动"这一客体是学校体育教学活动所指向的对象。

根据上述分析，我们再来看目前已有的科研成果中对体育教学论研究对象的界定。我国学者在这方面形成了不同的看法，归纳起来可以分为两类，一类是把体育教学论的研究对象定为体育教学的一般规律。樊临虎教授在其《体育教学论》里认为，体育教学论的研究对象是探索体育教学本质与规律，寻求最优化的教学途径与方法用于体育教学实践、提高体育教学质量等。另一类是把体育教学论的研究对象定为各种具体的教学变量和教学要素。如张学忠、毛振明认为，体育教学论研究的对象是体育教学问题。姚蕾教授认为，体育教学论的研究对象是体育教学中的诸问题。龚正伟教授在其《体育教学论》中指出，体育教学论是以体育教学活动中的诸问题作为研究对象的，即体育教学活动中的教与学的关系、相互作用及其统一的问题。张志勇在其《体育教学论》里认为，体育教学论的研究对象是体育教育领域中的体育教学活动和现象。夏思永在其《体育教学论》中认为，体育教学论是教育科学中的分科教学论之一，它以"学校体育教学"这一特定的教育活动为研究对象，其目的在于揭示学校体育教学的规律，探讨和阐明体育教学的本质、过程、原则、方法和组织，以指导体育教学实践和提高体育教学质量。

从以上对体育教学论研究对象的相关研究成果来看，把体育教学规律变成体育教学论的研究对象、把体育教学论研究的对象归结到体育教学活动中的问题、离开教与学的问题来谈体育教学论得研究对象，笼统地把体育教学论的研究对象指向体育教学论的概念等说法都失之偏颇。因为简单地说，体育教学论的研究对象是指体育教学论要研究什么的问题。若把体育教学论的研究对象说成是体育教学论的规律，这就把体育教学论的研究对象与任务混淆了。规律是研究的结果而不是研究的提点或研究的对象。体育教学的规律不可能成为思维的直接对象，并且把体育教学规律作为研究对象也容易导致我们在对体育教学论研究过程中无从下手，无法操作。

根据以上论述，本书认为体育教学论的研究对象是从体育教学中所要解决的特殊矛盾、体育教学的任务及教与学的问题出发来研究体育教学活动中所面临和所要解决的问题。

三、体育教学论研究的基本范畴

哲学意义上的范畴指的是人们的思维对客观事物的普遍本质和关系的概括及反映。它是人类理性思维的一种逻辑形式，是各种理论体系中的基本概念。各门具体科学都有自己的一系列基本范畴。对于一个学科来说，基本范畴无疑是这个学科最基本的问题，诸如一个学科的基本属性、研究对象、研究方法等都可以算作这个学科的基本范畴。由于体育教学是一个复杂教育现象的统一体，因此我们想弄清楚体育教学论的研究范畴，也要从多方面来考虑。首先，从体育教学论的学科性质来看，我们从前文的论述中得知，体育教学论是一门实践性很强的理论型应用学科。因此，体育教学论不仅要研究体育教学的一般规律，还要研究这些规律在教学实践中的应用，这都是体育教学论的研究范畴，当然还包括"体育教学论"这门学科的基本属性、研究对象、研究方法等。其次，我们从体育教学系统来考虑，构成教学系统的要素包括教师、学生、教材、教学手段、目的等要素，并且每个要素都在教学系统中发挥着独特的作用。其中，每个要素也是体育教学论研究范畴的构成体。

本书认为要弄清楚体育教学论的研究范畴，不能从这些表面来看，我们要通过这些表面现象看到实质。真正体育教学论的研究范畴，应该能适用于任何体育教学活动、能保持相对的稳定性、能重复操作而保持相似结果的存在，具有矛盾的辩证统一性，以保证在范畴本身矛盾运动中揭示各种关系，形成理论体系；要具有结构性，在范畴因素之间构成一个有机体，并能进一步具体地演绎，形成完整体育教学论体系。若要达到这样的要求，我们要先弄清楚体育教学要面对的矛盾统一体。体育理论与技术最终要被学生所认识，因此学生是认识与发展的主体，被认识的体育理论与技术是客体，而教师、教学环境等只是促进认识的媒介。体育教学中，主体与客体的矛盾、主体与媒介的矛盾、客体与媒介都存在矛盾。其中，主体与客体之间的矛盾转化上升的过程就是体育教学发展的动力，是体育教学理论发展的推进器。这就组成了体育教学论研究的三个基本范畴，即学生、体育理论和技术与媒介。在基本范畴的进一步演绎下，得出体育教学论研究的内容体系。首先，学生范畴表现出来的研究内容有体育教学过程中的主体性，体育教学过程中的主体、客体及其相互间的关系问题，以及如何培养学生的主体性发展问题等。其次，体育理论与技术范畴表现出来的研究内容包括体育教学过程、体育教学内容、体育教学系统、体育教学规律与原则、体育教学方法、体育教学模式和体育教学组织形式等。最后，媒介范畴所表现出的研究内容有体育教学过程的主体性、体育教学目标、体育教学环境、体育教学艺术、体育教学管理与评价等。这些研究内容构成了体育教学论的学科体系。

第二节　现阶段我国体育教学论的反思

一直以来，国内众多学者对体育教学论的研究都是围绕着"体育教学论的科学化"这条基本线索而展开的。学者所说的科学标准主要表现在两个方面，一是理论内容的客观真理性，要求对其研究对象、理论结构和研究方法进行探索；二是逻辑的考察，要求逻辑形式的严密性、完整性。体育教学论科学化的实现既有学科内在发展的必然逻辑，又有时代的社会发展的外在需求和条件。就学科发育状况而论，体育教学论在我国已经成为体育科学中最有活力、成果最丰的领域之一。但是，我们也应该承认体育教学论要作为一门完整的学科，还存在一系列不可忽视的问题。正是这些困惑与问题，才能促进体育教学论沿着科学化的轨迹继续前进。概括来说，我国体育教学论在自身的研究方法、学科的内容与结构临的问题这两个方面集中体现。

一、体育教学论研究中的无序化问题

近年来，我国体育教学论学科发展迅速，与现代科学技术既高度分化又高度综

合的发展趋势相一致。随着对体育教学理论研究的深入和教学改革实践的日益丰富，现代体育教学论的发展趋于成熟，但是也不能忽视体育教学论发展中存在的问题。体育教学论研究中的无序化问题是其中之一，具体表现为研究方法的缺失与理论构建和实践指向的模糊。

（一）体育教学论研究方法存在的问题

系统的研究方法是学科成熟的标志之一。体育教学论研究方法的缺失是指在体育教学论研究过程中，缺乏相应的方法论的支撑点，进行的是外围式的方法论研究，而不是将方法论介入体育教学论本身。在对体育教学论研究方法进行分析之前，我们不能回避一个问题，即体育教学活动是一种独特的教学活动。体育教学活动与其他学科的教学活动既有区别，也有联系。与其他学科一样，体育教学也是教与学的双边活动，都是在教师的指导下以学习间接知识为主要目的，有计划、有组织地实现教育目的的过程。但是，体育教学既包括体育科学理论知识的教学，又包括体育技术和技能的实践课教学。因此，它就不只是要求学生上课要有思维活动，还要相应地支配身体的运动。由于这些独特的教学特点，就要求我们有独特的教学理论，要研究这样的理论，归根到底还要求我们掌握一套适合于体育教学论的研究方法。

我们今天的体育教学论研究方法的缺失，还表现在对体育教学过程中的认识活动过程进行机械的、静止的分析，对体育教学过程客观规律的必然性、复杂性缺乏令人信服的论证，结论或要求的主观任意性、强加性比较突出。例如，我们大多数人都已熟悉的体育教学论中的概念，如体育教学目标、体育教学原则、体育教学方法、体育教学模式、体育教学策略等大都是从教学论、教育学中演化而来，而我们的体育教学论工作者还没有根据体育教学认识论来重新审视或者再次抽象概括。

概括来说，当前体育教学论研究方法的缺失主要表现为双重替代论和无为论。双重替代论是指我国体育教学研究的方法论的理论基础源于教学论，而教学论的理论基础长期以来只以哲学认识论为唯一的理论基础，简单地用哲学认识论公式去套用教学过程。这导致我国的体育教学论研究要么重复别人的话，要么借用别的学科理论，自己学科独立体系的理论支撑不够。无为，本是出自老子的"无为而治"，本意是遵循自然的法则而不妄为，这里把它借用过来。无为论是指体育教学论研究者除了移植教学论的研究方法外，在方法论方面再也无所作为，任其自由发展。

（二）体育教学论理论构建与实践指向的模糊

从对体育教学论的学科定位分析得知，体育教学论是一门实践性很强的理论型应用学科。这样双重的性质使得体育教学论面临着双重的困境，一方面是理论研究的迟滞；另一方面是由于与实践的脱节，导致一线体育工作者的不满和抱怨。

体育教学论是一门理论学科，必须肯定的是理论学科决定研究者研究的理论性范型，但并不决定其在价值关涉上也是理论的。换句话说，理论研究不等于理论本身，否则只能导致理论的失真，即在理论研究中，我们不能为理论而理论。在这一问题上，目前我国体育教学论学科的理论构建中普遍能看到为理论而理论的影子。很多研究者摒弃理论来自实践的科学精神，一味地沉迷于从教学论中移植相关的理论知识，并沉浸于教学、教学目标、教学本质、教学模式、教学策略、教学设计转化为体育方面理论的来回穿梭。这种过分拘泥于理论的研究，往往使研究者分散注意力，置活生生的体育教学现实于不顾，同时也导致体育教学论较少深入研究现实发展与未来展望的问题。

体育教学论也是一门应用学科，其理论具有实践指向性。然而，体育教学论的实践指向也并不决定学科研究中的实用主义倾向。毫无疑问，体育教学论要以实践经验为基础，研究和解决体育教学中的实际问题，并从实际问题的研究出发，构建自身的理论体系去指导实践教学，以此循环反复，否则体育教学论就没有存在和发展的必要和可能。当然，体育教学论在以实践经验为基础的同时，也应该注意以实践经验为基础并不等于体育教学论就应该是停留在就事论事的表面思考上。这里主要是说，一些学者对体育教学论的研究，着重关注体育教学活动相关的、直接的、具体的操作，而对体育教学活动的联系性、普遍性等缺乏理性联系，缺少归纳反思实践经验的工作。体育教学论要指导教学实践，但教学论不能只知道个别特殊的体育教学活动，尤其不能只知道我们都已熟知的那些体育教学活动。体育教学论不能只承认教学现实，不能只解决教学现实问题，应该在解决现实教学问题的基础上有针对性地把这种体育教学理论进行升华，归纳出其实质性的规律，使自己掌握的体育教学中的特殊规律上升到一般规律。但是，目前我们的体育教育工作者正是缺乏这种能力，他们往往习惯于简单直观地解释说明教学实践中的现实问题，而不反思这些问题背后的实质，这使体育教学论的理论视野日趋狭窄，体育教学论的研究成果日趋肤浅和零碎。

二、我国体育教学论的发展趋势

人类进入信息社会以来，我们的学习和生活每天都在发生着深刻的变化。体育教学论的学科领域也是如此，旧的理论有新的解读、教学实践同时又催生出新的理论、学科之间交叉联系使体育教学论也在产生变化等情况。那么在总结—反思—展望的思想指导下，我们在体育教学论复杂的发展境况下来看其发展趋势，就需要自己先站好一个正确的角度，要不然会使自己的研究迷失方向，缺少逻辑。因此，本研究就按照从学科研究的方法论体系到教学实践的逻辑思路、从体育论研究的方法论到体育教学论学科自身两个层面来分析体育教学论的发展趋势。

（一）重建体育教学论的研究范式

体育教学论研究的方法是指人们用以研究、认识和改造体育教学论的方式、手段和程序的总和。它实质上既涵括了人们在研究、认识和改造教学过程中使用的各种方式，也涵括了人们在研究、认识和改造教学时的基本态度。它是体育教学论研究的工具。我国《论语》里有句很经典的名言："工欲善其事，必先利其器。"这是孔子告诉子贡的故事。一个做手工或工艺的人，要想把工作完成、做得完善，应该先把工具准备好。比喻做任何事情，准备工作做得好有利于提高工作的效率和速度。我国体育教学理论工作者应该深知其中的道理，为了体育教学理论科学高效地发展，我们首先要重视体育教学论的研究方法体系；其次，本书在前文提到学科成熟的标志之一就是形成自己的一套独特的研究方法体系。因此，我们首先要探讨体育教学论研究方法的发展趋势。

1. 体育教学论研究的方法论的客观化

本研究提出了体育教学论研究方法的缺失，而体育教学论的发展必须依赖于方法论的变革。针对这样的现状，本研究认为体育教学论在其发展成熟的道路上，首先要做到方法论的客观化。所谓客观化是指体育教学研究者在反思的基础上，对原有的方法论基础进行再认识。在未来的几年中，对体育教学论研究方法论的正确再认识是首先需要解决的问题。

我国体育教学论都是以马克思主义体育教学论的形式存在。马克思主义体育教学论的主要特点就是以辩证唯物主义和历史唯物主义，特别是辩证唯物主义认识论作为自己的方法论基础。改革开放后由于其他思想的引进，出现了批判马克思主义认识论为指导下建立的教学论体系的现象，他们认为以马克思认识论为基础的教学论体系已经失去了先进性，与时代脱节了，应该引进系统论、控制论、信息论的方法论。这是对马克思主义认识论的一种错误的认识，一方面马克思主义指导下的教学论是一个开放的体系，可以吸纳其他理论的研究成果；另一方面，那些认为马克思主义的认识论是教学论的唯一理论基础，并就教学论中许多问题争论不休时，这正说明我国一些学者对马克思主义的认识论理解得还不够深入。如控制论、信息论、系统论是马克思主义辩证法、认识论的具体运用，在马克思主义的认识论里已经包含丰富的三论思想。因此，我们首先要对体育教学论的方法论基础进行再认识，树立正确的辩证唯物主义和历史唯物主义世界观。本书认为，我国体育教学论的研究方法论应该是在以马克思主义哲学基础为中心，以开放的体系批判地吸收其他方法论的精华，以拓宽体育教学论体系构建的理论基础。

2. 体育教学论研究方法的多元化

所谓多元化是指体育教学论的研究大量引进其他学科的新方法，对教学现象进行整体综合研究。体育教学研究方法要出现多元化趋势，因为任何一种单一的研究方法是难以探求日益复杂的体育教学活动规律的。每一种研究方法都有其各自的适用范围，同时也有不可避免的局限性。体育教学论只有博采各种研究方法的长处，克服现有研究方法的缺陷，逐步建立起一个适合本学科特点的由多种多样研究方法构成的体育教学论研究方法群，才能真正适应教学论未来发展的需要。

体育教学论研究方法的趋势，首先对体育教学论认识现象的研究将出现宏观体系的构建与微观机制的分析同时进行。因为体育教学论作为一门新兴学科，自身的学科体系需要进一步完善，而体育教学论的根本还是要处理在教学中出现的问题，需要对微观的教学现象进行分析，所以出现宏观与微观并行发展的趋势。

其次，注重定量研究与定性研究的互补与融合。定性研究与定量研究都是非常重要的体育教学研究方法，定性研究是根据研究者的认识和经验确定研究对象是否具有某种性质或某一现象的变化过程和变化原因，侧重于研究对象的质的方面的分析评价。定性研究的理论基础是解释主义，主体与客体不是截然分立的，主体对客体的认识更多地强调理解。它能有效地处理教学过程中那些难以用定量方法描述的因素，从而在总体上掌握研究对象的基本情况。其不足之处在于主观性太强，带有浓重的主观色彩，在一定程度上影响研究的科学性和可靠性。定量研究是对事物属性进行数量上的分析，从而判定事物的性质和变化。定量研究一般是把被研究对象的目标分解为多项因素，并将其数量化，引用一定的数学方法，通过变换来判断诸因素的关联，最后用数值来表示分析研究的结果。定量研究具有精确性、严密性、验证性和预测性，但在教学研究过程中也有一定的局限性，它只是机械地考虑一些因素。教学研究对象主要是人，不可避免地存在不定因素。因此，两种方法各有其优缺点，不能认为哪一种好或不好，而应把两者有机地结合在一起运用。

再次，体育教学论的研究方法将会继续借鉴和移植其他学科的研究方法。体育教学现象的复杂性就要求体育教学论的研究方法具有多样性。由于体育教学论是个开放的学科，那么它的研究方法也是开放的。19世纪末期，社会科学研究的调查法、文献法、历史法、比较法，自然科学研究的归纳法、经验法、统计法被引入教学论中，成为教学论的研究方法。而体育教学论从教学论分化出来时继承了这些研究方法。在 21 世纪的今天，体育教学论已经成为独立的学科，它需要自己来引入现在其他学科的研究方法，如现象学方法、解释学方法、发生学方法等。

最后，体育教学论的研究将由重视演绎推理转为归纳概括。体育教学论在建立之初，多用演绎推理研究方法，根据教学论和教育学的学科原理，演绎出体育教学论的内容。但是体育教学论要想独立健康地发展，不能过分依赖演绎推理，因为上位学科的一般原理无法解决体育教学的特殊实践，要不然体育教学论也不会脱离一般教学论而成为独立的学科。因此，只有做到研究方法的多元化，在引进的基础上消化逐步形成自身的方法体系，才能使体育教学论的学科体系得到较快的完善。

3. 体育教学论研究模式趋于多样化

由于教学改革的深入和体育教学论学科的发展，体育教学论研究模式正出现多样化趋势。首先，正由演绎构建学科体系转为关注实践问题的解决。我国体育教学论独立之初就带有学科教学论所共有的特点，就是演绎教学论的学科体系，这是体育教学论建立之初必须走的一个过程，但是作为正在走向成熟的学科，应摆脱这种研究模式，建立问题研究模式。体育教学论之所以诞生，是因为解决体育教学现实问题的需要。独立学科的诞生需要引用和借鉴上位学科，但是只演绎上位学科的体系，必然造成体育教学理论体系对体育教学实践解释的乏力和苍白。因此，体育教学论的发展应该立足这些问题，注重理论研究与实践研究的结合。这里的结合是指体育教学论的研究是在先进理论的指导下所进行的教学实践研究，对于体育教学的实践经验要进行概括与提升，使体育教学论的理论体系更加完善，这也是演绎与归纳的结合。

其次，体育教学论研究出现以学为中心的研究转换。当今信息社会知识经济发展日新月异，人们只有掌握好的学习方法，才能更好地适应社会的发展。联合国教科文组织在《学会生存》中论及学习化社会时明确指出：未来的学校必须把教育的对象变成自己教育自己的主体。受教育的人必须成为教育他们自己的人；别人的教育必须成为这个人自己的教育。这种个人同他们自己关系的根本转变，是今后几十年内科学与技术革命中教育所面临的最困难的一个问题。体育教学工作者尤其注意到了这种现象。我们在对体育教学反思中发现，我们的学生在经历了学校体育教育之后，他们大部分人为何没有培养出一到两种运动技术，并形成终身锻炼的习惯？反思之后我们发现，我们体育教师在教学过程中忽视了学生的"学，只重视了教师的教"。因此，最近一次的基础教育课程改革中明确提出了我们的教学要以学生的学习为主体的观点。这就要求我们转变原来只注重教的理论研究，进而转向以学为中心，构建教学并重的研究模式。

4. 体育教学论研究方式趋于合作化

我国体育教学论研究方式正在趋于合作化。首先，体育教学论的研究手段出现合作化。体育教学论和其他学科的融合，正在利用其他学科的研究方法和手段。如与心理学的融合，使体育教学论能运用心理学的实验方法进行教学研究；与运动生理学联系得紧密，使得体育教学论可以运用生理测量的方法进行教学效果的研究。另外，近年来的实践证明应用数理逻辑和电子计算机，不仅在数学计算、信息处理、过程控制、文字及图像识别和模拟实验等方面发挥作用，而且为解决复杂系统的问题，诸如智力模拟、探索人解决问题的思维过程和思维策略等提供了强有力的工具。

其次，体育教学论研究者之间也出现合作化的趋势。一是在高校的体育院系之间形成体育教学论研究中心组织，并形成定期的交流会。这样就把分散到各个学校院系的体育教学论教师凝聚起来。二是中小学教师的定期评课与交流。中小学教师处于体育教学工作的前沿，是体育教学论理论的执行者，他们的交流与反思是我国体育教学论发展的动力。三是高校教学论专家与一线中小学教师的纵向交流也是体育教学论研究合作化的标志。

（二）体育教学论学科体系更加科学化

体育教学论学科的逻辑结构问题一直困扰着体育教学理论研究者，讲授该课程的人总是觉得教材逻辑体系缺乏科学性的支撑，通过前文对体育教学论学科教材的比较研究，本书研究发现了一些问题。在反思的基础上，本书认为我国体育教学论理论学科体系要以体育教学论学科的逻辑结构为突破口，做到学科逻辑自身科学化、教材编写规范化、教材内容逻辑科学化、学科内容整合化。这是体育教学论学科体系的发展趋势。

1. 体育教学论学科的逻辑结构趋于科学化

学科必须在一定程度上反映科学的结构，学科的内容不是片断的、枝节的知识集合体。学科不能没有逻辑，而且学科的逻辑当然要依存于科学的逻辑。这也就是说，科学的逻辑框架在相当长的时期内是相对稳定的，学科的内容应当依据这一框架加以厘定。英国教育学家穆尔（T. W. Moore）在《教育理论的结构》一书中指出：一种教育理论是一种逻辑上复杂的结构，可以用大量不同的方法加以评价。就它所包含的经验判断而言，它要受有关的经验事实的检查；就它所包含的价值判断而言，它易受到各种哲学论点的责难；就它是一种论点而言，它要受内部的一致性的检验。假如某种教育理论经不起其中任何一方面的检验，人们就不会用它来指导教育实践。由此可以看出，理解一种教育理论（如体育教学论）的逻辑结构是十分重要的。

2. 体育教学论教材趋于理性化

作为体育教学论学科体系直接的反映，体育教学论的教材体系发展呈现出理性化的发展趋势。教材体系不仅从严格的逻辑出发组织教材内容，构建教材结构，强调教材的逻辑性，注重理性分析，力求把教学论知识囊括在严密的逻辑框架之内，而且兼顾教材编写的规范。

（1）体育教学论教材内容的逻辑结构趋于科学化

体育教学论教材内容的编排逻辑一直是困扰体育教学理论研究者的问题，本书认为只有找到科学的逻辑线索才能解决这个问题。体育教学论知识大致包括三方面：一是静态的形而上学知识，二是体育教学进程的动态知识，三是体育教学（理论）发展过程的动态知识。我们可以设想把这三者有机结合起来，形成立体动态逻辑结构线索。本书研究认为，可以用教学问题作为体育教学论的内容选择和组织的基本线索，因为体育教学问题既是作为科学问题提出来的，又是由我们在掌握已有的体育教学论知识时整理总结出来的，实质上它们内在地统一了体育教学研究者的思维逻辑和学习者的认知逻辑。

面对体育教学实践，我们要面对以下问题：

①什么是体育教学？体育教学作为一种教学现象与其他的教学现象是否一样、是否有自己独特的特点，它的回答是肯定的。

②为什么进行体育教学？这是体育教学的目的和目标问题，没有教学目标的教学就不能称之为有目的、有计划的教学活动。体育教学目标是教师掌握教学的依据，没有目标也就没有了体育教学。

③体育教学为谁组织、是谁组织的？这个问题是教学论中出现很早的问题，学生和教师的矛盾组成了学与教的主要矛盾。他们的关系与地位问题一直是教学论者热衷于讨论的问题。

④体育教学教些什么？这是关于教学内容的问题，我们组织起来的教学活动不是海市蜃楼，而是有实体教学内容的课程。这是所有教学现象的一个共性。

⑤怎么实现最好的体育教学？这是体育教学的方法问题。教学方法是教师根据教学目标和学生的学习情况所选择的有效的教学手段，教学方法选择的好与坏关乎教学的质量和教学的效率。

⑥体育教学教得怎么样？这是体育教学评价的问题，它不仅考查的是教师教学的情况，同时也考查学生学习的情况。

这六个问题是体育教学论领域一贯关注的问题。随着学科的发展，虽然也有其他的一些新问题出现，但是这六个是主要的问题。

根据前文所述的体育教学论学科的逻辑：目标假定、对象假定、内容和方法假定的逻辑思路，结合教学问题作为内在的逻辑线索，并考虑到科学研究一般遵循从特殊到一般、从具体到抽象的归纳逻辑，具有长期性，而学生的学习过程则普遍遵循从一般到个别、从抽象到具体的演绎逻辑，教材应当遵循学生学习过程的规律。所以，本书认为体育教学论的基本内容及其结构应该是四个部分的顺序排列：第一部分，绪论；第二部分，体育教学论原理，包括体育教学主体与主导、体育教学系统和体育教学内容等；第三部分，教学方法论，由体育教学目标、体育教学原则、体育教学媒体、体育教学方法、体育教学模式、体育教学组织形式和体育教学评价七个方面内容构成；第四部分，体育教学研究。

（2）与教材编撰原则紧密联系编写教材

我国的体育教学论教材（甚至包括其他学科的大部分教材），都是严格意义上的教材，而且是体育教学论课程的教师和学生共同使用的、依据教学大纲或教学要求编写而成的教科书。在这样传统的教材观下，我们不由得就将教师处于中心地位，教材也根据教学大纲编写，很自然地成为教师课堂宣讲的版本，这样既限制了学生的学习，又限制了教师的教授。因此，这种传统的教材编写体系已经受到了很多学者的质疑。同时，我国从事出版工作的一些学者在与国外的教材编写方法对比研究的基础上也看到了我国教材编写原则的不足，并提出了教材编写的一些改革措施。教材编写的改革已经是一种趋势，我们体育教学论研究者不能只看到本专业的改革，也应该及时发现与利用对本专业有用的相关专业的改革成果，达成为我所用。

我国体育教学论教材的编写工作也要适应教材编写的改革趋势，除了遵守教材编写的一般规范，还应该把教材编撰原则的发展趋势纳入进来。

①在编撰原则上应遵循：多元化视角。教材应有清晰的逻辑结构，以不同的视角来解析教材的逻辑，如国际化视角。由于信息交流的便利，在编写教材时应参考借鉴国外相关学科的经验，密切联系实际；对学科知识的系统阐释更加强调如何将知识应用于实际，即引导学生掌握解决实际问题的途径和方法，遵循学习和认知规律。教材的编写中应重视学生自学能力和理解能力的培养，教材中应多采用大量的例证，例证可以帮助学生更好地理解概念。同时，增加对相关知识的拓展介绍。这些知识往往并不是本课程的主要内容，但通过对相关知识、相关课程内容或基本方法的介绍，可以将各知识点之间连成线，再用这些线编织成知识网络。

②在教材设计与编排方面：前言或序言。不仅要介绍该书的特点、特色、再版

时增补的具体内容和原因等，通常还要向读者交代该书的使用方法，有哪些教学和学习资料等。目录可以提供多个检索途径，以给学生学习和查阅带来便利。除正常的目录外，还可提供详细目录、图表目录或专题目录。参考文献可以设计成引导学生进一步阅读的导读书目，且书目的编排也要注重方式；或按由易到难的顺序，便于学生循序渐进地掌握知识；或根据教材自身的内容安排阅读书目。视觉设计方面，无论教材的内容编排，还是体例设计，都要借助于视觉设计加以体现。因此，教材也要注重视觉设计，具体要注意做到版面的疏朗、插图的应用，图表插图的美观等。

3. 体育教学论的学科内容整合化

从前文的研究中我们知道，体育教学论的学科体系是一个开放的体系，这一学科特点造就了它的学科内容在发展的过程中，会及时吸纳其他学科或其他科研领域的研究成果来完善本学科，这也就使体育教学论的学科内容出现了整合化趋势。在现阶段，体育教学论学科内容的整合主要表现在体育教学理论研究成果的整合和体育教学论与课程论的整合、体育教学论与学习论的整合这三个方面。

（1）体育教学理论研究成果的整合

它包含两层意思，第一，已有内容的整合。在第三章的研究中我们知道，体育教学论在 20 世纪末期出现了飞速发展，特别是在成为独立学科之后。体育教学论的学科内容迅速得到充实。但从第五章的对比分析中，我们可以看出体育教学论的学科内容反映在教材中，出现了总结、综合前人、他人研究成果时，概括层次不高，未能有机地纳入自己的体系。有的甚至给人以拼凑之感，材料堆积现象严重。这种现象已经得到学者的重视，目前的体育教学论教材反映出学者都在努力对原有的内容进行整合。第二，对新出现的体育教学理论的整合。随着学校体育的快速发展，体育教学理论发展也是日新月异的。体育教学论作为一个开放的学科，学科的内容在不断地吸收、改造这些研究成果，同时也在进一步提高抽象、概括水平，努力追求学科内容的整合

（2）体育教学论与课程论的整合

我国的学校教育是在不断的革新中前进的，特别是近年来，我国基础教育正进行着新一轮的课程改革。新课程所倡导的基本理念及其对教学要求的动态化、人性化、探究性，使教师的教学能力与综合素质面临前所未有的考验，也对教师的教育提出了新的要求。同时，新课程从课程目标、课程内容、学习方式和课程资源等方面提出了全新的理念，使得体育教学论在处理教学实践时遇到很多新问题。例如，《全日制义务教育普通高中体育（1～6 年级）体育与健康（7～12 年级）课程标

准》中把课程目标分为五个领域，那么，我们在进行体育教学中就不可回避地要采用什么样的教学方法、手段，运用哪些教学内容来完成目标？这都是体育教学论不可回避的问题。并且随着课程论研究的深入，课程结构已突破了以往单一的学科课程格局，课程形态日益多样化，潜在课程、综合课程和活动课程已进入人们的视野。体育教学论作为培养体育教师、研究教学理论的学科，只有整合课程论的研究内容，才能满足自身体系发展的需要。

（3）体育教学论与学习理论的整合

随着体育教育研究的发展，体育学习理论逐步引起了体育教育研究者的重视。就传统的体育教学论而言（乃至教学论）都是注重教师的"教"的理论，而学生的"学"的理论要么只字未提，要么一笔带过。在诸多的教学论著作和刊物中都能看到对这种现象的批评。但是，同时我们还会发现批评多于行动。然而笔者在研究中却发现，学习理论不管对指导普通文化教学还是体育教学都起着至关重要的作用，特别是在新课程改革下要求我们的教学要以学生的学习为主体，这样就对我们教师的要求更高了，不仅要知道怎么教，而且要了解学生的"学"到底是一个什么样的过程。换句话说，不仅要知道教学理论的知识，还要知道学习理论的知识，更要能够把教学理论与学习理论密切联系起来应用于实践。因为我们只有了解了学生的学习到底是一个什么样的过程，才能更好地对他们实施教学。而学习理论就是用来揭示人类学习活动的本质和规律、解释和说明学习过程的心理机制、指导人类学习，特别是指导学生的学习和教师的课堂教学的心理学原理或学说，所以把体育教学理论与学习理论整合是很有必要的。

另外，各流派的学习理论家都纷纷提出了对体育教学很有指导价值的教学方法和学习方法，比如斯金纳的程序教学、班杜拉的观察学习、布鲁纳的发现学习以及奥苏贝尔的认知—接受学习等。虽然这些教学方法和学习理论有很多体育教师也在运用，也有些体育教学论教材对这些方法有所解释，但是大多数都只是对这种方法进行解释，但很少会对其真正的原理进行讲解。而笔者认为要想对某种教学方法或学习方法运用得恰到好处，那么了解其发生和工作的原理是很有必要的，而学习理论正好就可以解决这一问题。所以从体育教学的自身发展来讲，与学习理论整合不仅可以使其理论更严谨，也能使其理论更完善。

第四章

体育课程模式的系统设计

第一节　高校体育课程模式设计的理论依据

最早关于课程研究问题的重大讨论是 1947 年在芝加哥的一次年会上展开的，与会者递交的论文中许多是有关课程理论的泰勒（R. W. Tyler）所著的《课程与教学的基本原理》一书是这一时期最杰出的代表。文中提出的课程原理是围绕四个基本问题展开的。

第一，学校应该达到哪些教育目标？

第二，提供哪些教育经验才能实现这些目标？

第三，怎样才能有效地组织这些教育经验？

第四，我们怎样才能确定这些目标正在得到实现？

泰勒指出，如果要系统地研究课程，就必须确定达到的目标；如果要对目标做出明智的选择，就必须有来自三方面的信息。

第一，对学生的研究。

第二，对当代社会的研究。

第三，学科专家的建议。

一、世界课程改革的趋势

现阶段我国的教育存在两个根本问题，一是"精英主义"，二是"生产模式"。"精英主义"教育以少数所谓"优等生"为核心，大多数学生退居边缘进而成为教育的牺牲品。"生产模式"则追求整齐划一，追求所谓的"规模效益"，从而培养出了机械、苍白、无个性的"标准件"。以个性发展为目标的素质教育必须走出"精英主义"价值观和"生产模式",面向每一个人、每一个独特的心灵。这是素质教育课程体系的内在性格,是我们理解我国和世界课程改革的立足点。

当今世界的课程改革在基本的价值取向上主要受五对张力的拉动,一是平等与高质量之间的张力,由此产生教育民主与教育公平的理念;二是民族性与国际性之间的张力,由此产生多元主义教育价值观;三是科学世界与生活世界之间的张力,由此产生主体教育观;四是人与自然之间的张力,由此生成生态伦理观;五是个人与社会之间的张力,由此产生个性发展观。教育民主与教育公平的理念、多元主义教育价值观、主体教育观、生态伦理观、个性发展观是世界课程改革的基本价值取向,也是我国课程改革的基本理念。

二、我国高校体育课程的现状

我国高校体育的课程标准作为学校体育的一部分,与基础体育及中小学体育教育一样,由教委制定的《全国普通高等学校体育课程教学指导纲要》和公认的课程标准,是统一灵活的。

我国高校体育的统一性和灵活性相结合主要是指在制度上,我们确定了基础体育课、选项体育课、专项提高课和保健体育课等若干种课程模式。基础体育课一般在大学一年级或一年级的第一学期开设,内容包括基础体育理论、身体素质以及球类和田径项目等,其目的是增强体质、提高身体素质、掌握体育的基本理论知识和技术,为大学后期的体育学习打下基础。选项体育课和专项提高课的目的是通过选项和提高目的,使学生掌握某一体育项目的基本知识、技术、技能和锻炼身体的方法和手段。同时学会一些基本的裁判规则和方法,使学生在体育方面拥有一技之长,为将来走上社会,从事体育活动和锻炼做准备。选项体育课一般在大学的第二、三、四学期开设,专项提高课为高年级学生开设,而保健体育课是针对那些生理上有缺陷,身体有先天或后天导致的疾病,不能参加剧烈运动的大学生专门开设的保健锻炼课。

从我国高校确定的体育课程模式不难看出,学校体育课程虽然有所变化,但是体育教育的思想观念保持不变,仍然接受传统体育中教师向学生传授知识、技术和技能的再生产教育模式。

三、中外体育课程模式比较的启示

近几年，高校体育作为学校体育的最高阶段，随着体育教育改革的不断深入，课程改革方面虽然取得很大的进展，但还有许多不尽如人意之处，特别是和世界各国高校体育改革的发展力度相比差距较大。本书以国外几种比较成功的高校体育课程模式为例进行介绍，以便从比较中获得启示，作为我国高校体育课程模式设计的理论依据。

（一）竞技体育课程模式

竞技体育教育首先是由美国俄亥俄州立大学的西登托普提出的，它在美国、澳大利亚和欧洲有着广泛的市场。

竞技体育课程模式主要是教竞技体育活动，而且是用相对较长的时间来教某一项竞技活动。在这种模式中，不仅教学生某项活动技术方面的内容，还教有关这项活动知识、背景；体育活动的项目虽少，但各项活动的技术水平较高；对学生不仅评价技术水平，而且评价学生对这项活动的知识、态度、裁判水平等，且这种评价都是在学生进行这项活动时当场进行。

（二）健身体育课程模式

由汤姆·迈肯兹提出的健身体育课程模式，不仅重视学生现在参加体育活动，而且重视培养学生终生参加体育活动；通过体育活动不仅要促进学生的身体健康，而且要培养学生对体育活动有一个积极的态度。这种模式简称 SPARK 模式，S 指 Sports（竞技体育），P 指 Play（玩儿），A 表示 Active（积极的），R 指 Recreation（娱乐），K 就是 Kids（孩子们），它是一个玩儿和积极娱乐的模式。这个模式选择了各式各样有益于健康的体育活动，包括与竞技体育活动有关的内容，以及能够帮助学生提高自我控制的能力，让学生学会自我调节。

（三）开发运动行为课程模式

目前，欧洲流行的"新体育"、澳大利亚流行的"澳式体育"均是力图通过修正原有运动项目的规则和条件，使运动项目的技术难度和负荷强度降低，以便适应学生的个体特征与兴趣爱好。改造原有项目和开发新项目并不是为翻新花样，而是为了使运动项目适应学生、吸引学生积极参加，从而最终开发学生的体育行为。在课程组织方面，促使学生积极参与的同时注重理论与实践的结合，强调学校体育、社会体育、家庭体育的联系，使学生在实践中提高才能。

（四）体验与参与课程模式

这是强调学生参与体育实践的观点，不仅要求体育课中积极参与，而且要求积极参与课外体育活动；既体验体育的乐趣，也体验社会和人生。这种模式对学生的参与更为重视，并且在教和学的关系上重视学生主导地位的发挥。

因此，我国高校体育教育事业要想快速发展，必须进行体育课程的整体结构改革。其中，最关键、最重要的应是思想观念的转化。减少来自国家教育行政部门对高校体育的约束，摆脱单一的、机械化的、以技术和技能传授为主的传统模式，建立灵活多样地体现人本主义教育思想的多元化的课程模式。

四、对高校体育教育中现代教育观念的理性思考

（一）高校体育课程的价值观

在高校中为什么要实行体育教育？体育教学的价值是什么？这种价值的表现形式是什么？这些都是关系到高校体育课程定向和定位的问题，也是确立高校体育课程指导思想的基础。近年来，学术界一直在对这些问题进行理论探讨，但远未达成共识。显然，问题的答案是随着时代的发展、社会对教育的需要和人们对教育的认识的变化而发展的。

21世纪，处于社会转型时期的高校体育要获得较大的发展，必须对这些问题进行重新思考。综合近年来的研究成果，笔者认为高校体育课程的价值观表现在两个层面，即科学主义的体育课程价值观层面和人文主义的体育课程价值观层面。前者是体育课程的本体价值，后者是体育课程的社会价值，这两种价值又体现在三个方面，即体育课程的生命性、未来性和社会性。

这一价值体系的形成表明高校体育课程的指导思想从过去单纯的"生物体育观"向生物、心理和社会三维体育观的转变。教育观的转变拓宽了高校体育课程的内涵。

高校体育课程的价值观与价值生命性是指在教学中应重视学生个体生命多方面的发展价值，体育教育本身就是一个提高生命价值的事业。当前，"健康第一""花钱买健康"的观点甚为流行，高校体育课程应责无旁贷地承担起为生命健康发展服务的神圣使命。未来性是指在体育课程中应体现终身体育思想，着眼于长远目标，使学生终身受益于体育。社会性是指体育课程必须把人格塑造和促进个体社会化纳入其价值体系之内。

（二）高校体育课程的学生观

随着 20 世纪 60 年代人本主义的兴起，相继出现了多种人本主义思想为指导的课程设计。无论塔巴模式、施瓦布的提议审议模式，还是斯腾豪斯的过程模式，都有一个共同理念——就是要从学生的实际出发。

因此，所谓学生观是把他们作为受教育的主体，对这一主体在教育过程中所具有的特征的基本看法。如何认识"大学生"这一受教育的特殊群体，这是高校体育课程改革的又一认识论基础。除了学生的认识水平、知识基础、年龄特征之外，对当代大学生的身心发展水平和大学生的体育意识、体育态度、体育行为的认识及把握构成了我们实施高校体育教育中的学生观。下面是学生对高校体育活动评价的调查统计分析与讨论，以便新体育课程模式能满足学生对体育的需求。

1. 性别

本次 814 份有效统计样本中，男生 433 人（占比 53.19%），女生 381 人（占比 46.81%），见表 4-1。

表 4-1 大学生性别统计

性别	人数	百分比
男生	433	53.19
女生	381	46.81

2. 专业

本次调查的样本中，工科 230 人（占比 28.25%），理科 187 人（占比 22.97%），文科 397 人（占比 48.78%），见表 4-2。

表 4-2 大学生专业人数统计

分类	人数	百分比
工科	230	28.25
理科	187	22.97
文科	397	48.78

3. 年级

大学三年级人数最多 283 人（占比 34.77%），其次是四年级 276 人（占比 33.91%），二年级和一年级分别是 180 人（占比 22.11%）和 75 人（占比 9.21%），见表 4-3。

表4-3 大学生各年级人数统计

年级	人数	百分比
一年级	75	9.21
二年级	180	22.11
三年级	283	34.77
四年级	276	33.91

4. 大学生对高校体育活动评价的调查情况和分析

本次调查主要是通过大学生参加体育活动的目的、兴趣、时间和一些直观的看法来了解大学生对体育课程的需求。

从表4-4可以看出，大学生对参加体育活动的价值取向集中于"增强体质"和"休闲娱乐、怡情养性"两个方面，对反映体育的社会、文化、心理功能的"提高社会适应能力"的选择率较低，这说明对当代大学生的体育意识尚需加以引导，以确立比较完整的体育价值观。此外，对"掌握体育技能技术"一项的选择率也不高，这说明传统的体育课程指导思想与学生的主体需求未能对接。

表4-4 对大学生参加体育活动的目的的调查情况

分类	人数	百分比
增强体质	532	65.36
掌握体育技能技术	62	7.61
提高社会适应能力	66	8.11
休闲娱乐、怡情养性	125	15.36
防病治病	39	4.87

从表4-5、表4-6、表4-7的统计结果表明，大学生对体育非常感兴趣和比较感兴趣的占比90.04%；在参加体育活动的时间方面，经常参加和偶尔参加也占比90%以上，极少参加和不参加者只占极少数；对体育的关注程度上也反映出同样趋势。表4-8说明，大学生对所列各项的价值判断趋于一致，对大学体育具有多元化的价值取向，这是大学生对体育进行理性思考的结果。上述调查结果表明，当代大学生对体育的主体需求是积极的、明显的，具有其可塑和可教的潜在基础。

表 4 - 5 大学生对体育兴趣的调查情况

分类	人数	百分比
非常感兴趣	448	55.03
比较感兴趣	285	35.01
一般	49	6.02
不感兴趣	32	3.94

表 4 - 6 对大学生参加体育活动时间的调查情况

分类	人数	百分比
经常参加	436	54.90
偶尔参加	322	38.24
极少参加	38	4.60
不参加	18	2.26

表 4 - 7 大学生对体育关注程度的调查情况

分类	人数	百分比
很关注	312	26.04
关注	326	40.05
比较关注	146	18.74
不关注	130	15.97

表 4 - 8 大学生对大学体育的主观期待情况

分类	人数	百分比
增强体质	202	24.82
掌握"三基"	166	20.39
陶冶情操、培养意志品质	202	24.82
全面发展身体素质	244	29.97

（三）高校体育课程的活动观

高校体育课程的活动观是对构成体育课程活动的各因素及相互关系的本质认识，也是指导体育课程活动、构建课程模式的第三个认识论基础。

根据改革实践所积累的经验，结合我们对高校体育课程价值观、学生观的认识，我们认为若使高校体育面向新世纪、面向全体学生，则必须打破传统的、简单的高校体育课程模式，树立现代高校体育课程的活动观，建立符合现代教育发展趋势的活动体系，坚持大体育观，变平面教学为立体交叉教学，使普通高校体育课程活动具有"双边共识，灵活结构，动态生成和综合渗透"等特性。

教学活动受价值观、学生观的影响，但教学活动本身独具特性。所谓双边共识是指教与学由师生双方共同参与，且处于同一教学活动中，在时间上同时并存，并时产生交互作用，师生之间、学生个体之间、群体之间、个体与群体之间都可能产生相互作用。因此，体育课程活动应使每一个学生自觉、自主地活动，成为积极的参与者，对普通高校体育课程而言尤其如此。"教"是为了"不教"或达到"不教之教"，目前我国高校高年级的体育课程从课程设置到教学活动的组织都朝着这方面发展，这是教学改革的一个主要方向。

灵活结构是针对体育课程活动从内容选择到教学方法的使用都程式化和烦琐化而言的，大学体育课程从课程设置上应实行分科教学，摒弃体育课包罗万象的做法，应该逐步由多课型向多课程过渡，最终实现分科教学。这里的结构既是指活动的结构，也是指以活动为主要表现形式的课程结构。

动态生成是指活动本身具有一定的层次性、顺序性。高层次的教学活动的生成是由较低层次教学活动的效果决定的。这也就是说，完整的教学活动是一个由低级向高级渐进发展的过程，教学活动的层次越高，其活动方式、组织形式就越具有多样化的特点，我国部分高校采用的俱乐部制教学、协会制教学，课内外一体化教学都反映了这一特点。

综合渗透是指不同的教学活动和教学内容所产生的教学效果在价值和功能上的互补和相互促进，即高校体育课程活动在横向上是一个具有互补效应的活动系统，在纵向上是一个有序发展的动态过程。

第二节　高校体育课程模式的系统设计思路

对高校体育课程模式的研究，可以有多种切入角度，本书的分析将从三个方面进行，即思想观念方面、课程和教学与操作实施系统。

广义地讲，课程模式设计的逻辑起点应是学校体育的指导思想与教学观念，继而制订教育计划，最后进入操作层面，即实施课程教学模式设计的价值取向包括两个方面，一是改进教学，二是改良与开发课程。本书通过课程模式的系统设计，达到改良、开发课程，构建高校体育课程模式的目的。

一、思想观念方面

这是构成高校体育课程系统的最高层次，教学指导思想和教学观念决定着高校体育课程的现实状态和发展方向。近年来，提出的"体质与健康教育""素质教育""终身体育"等无不是以先进的教学思想、观念为理论基础。

首先，高校体育课程指导思想要有大的转变，这就突出强调体育的学力形成，"学力"是由学习动机、学习方法、可持续独立学习的态度三个要素组成，也可称为"自我教育力"。现代教育十分注重"学力形成"的培养，强调"自我概念""自我形成"和"自我教育力"的重要性。大学时代是学生形成人格和个体社会化的重要时期，注重自我健康能力与自我体育能力的高校体育对于学生"终身体育与终身健康"的能力培养和行为形成十分重要。

其次，高校体育课程要有新的内涵。这个内涵就是基于大社会健康观和大社会体育观的思想上形成的新的体育教育观。现代科学技术文化的发展揭示了社会条件在人的生命活动中的重要作用，人们对于"健康"与"非健康"这一系列有关生命质量与生存价值意义的基本概念，在认识上发生根本性的变化。从传统的"生物学模式"到新型的"生物—心理—社会模式"的转变，人们把人的生物学特征与社会特征相结合，把人的心理活动与生理活动相结合。体育作为提高生活质量的组成部分，走进人们的生活是未来生活结构和生活方式的必然趋势。因此，未来高校体育课程必将把健康与体育的本质相联系以提高学生的全面素质，通过体育教育培养学生的终身体育与终身健康意识、能力和行为。

二、课程与教学方面

根据辩证唯物主义观点和古今中外无可争辩的事实，在教学中，学是主体，教师为学服务的客体。高校体育课程教学从"教师主体"向"学生主体"的重心转移，意味着"体育技术、技能中心"向"体育方法、体育动机、体育活动、体育经验中心"的重点转移，但这种转移并不意味着完全否定体育技术和技能的必要性。从体育课程设计的角度来说，它意味着教学必须从"教师中心型"向旨在自我教育的"环境活用型"转变，支撑课程与教学的基本观点集中反映在"学力观"上。

我国高校体育课程长期以来强调"三基"（基本知识、基本技能、基本技术），有其合理的内涵，但不够全面，需要做出修正与补充。因为它失落了"学习"中最基本、最能动的要素——"态度"。现代学力由"显性学力"和"隐性学力"组成，前者以"知识、理解、技能"为代表，后者以"关心、动机、态度"为代表。动机、态度等是支撑显性学力的"隐性学力"的存在，后者在当代更加受到重视，这是因为"隐性学力"有可能使个人终身获得"显性学力"。高校"终身体育与终身健康"的素质教育就是加强"隐性学力"，使高校体育成为一种完整性教育。

三、操作实施系统

高校体育课程教学向自主学习转化。现代教学技术手段的广泛使用促使高校体育教育过程由权威式传递知识向指导学习者自主学习的方向转化。转化的主要特征是强调教师的主要职责是了解学习者的需要，起到良好的指导作用，发挥学习者的自主性；重视个性，增加学习内容的灵活性和选择性，指导不同程度的学生选择出更符合自己发展的教育方向；指导学生以自学为主，掌握体育锻炼方法和学习方法，着重培养学生的体育自学能力，尤其是持续性的体育自学能力；重视指导学生的思想意识发展，寓思想教育于整个体育教学过程，增强学生的社会责任意识。操作实施方面是高校体育课程系统中最具有活力与特色的层次，根据本书确定的研究结构，这部分内容将在课程模式的"运行机制"和教学模式的研究中加以表述。

第三节　高校体育课程模式的系统设计

教育改革以教学改革为核心，而教学改革的核心则是课程设置和教学内容的选择。本书把高校体育的目的任务定位于素质教育、健康教育与终身体育意识的培养和发展上，并以此为基点，力图构建一个理论依据充分、实效性和可操作性较强的高校体育课程模式，并对这一课程模式的整体运行机制做初步探讨。

一、课程模式的设计

根据本书对高校体育课程的理性探讨，我们构建了三种基本课程模式。

（一）课程内容模式

我们把普通高校体育课程的内容分为三大板块，即技能、知识、素质。

在高校体育课程中有很长一段时间强调"三基"教学，在"三基"中又把技能技术放在突出位置（主要是竞技项目的运动技能），而对锻炼方法技能有所忽视。高校体育技能教学应服务于增强学生体质、促进学生身心全面发展和培养学生终身体育的习惯与意识，片面的技能教学难以实现上述教育价值。因此，在技能教学中，对锻炼方法技能应予以足够重视，未来技能教学的发展方向应由竞技化向健身化、娱乐化、兴趣化等方面转化。

知识教学在普通高校体育课程中历来是薄弱环节，表现在内容浅显、缺乏系统性和授课时数较少等方面。体育知识的教学有助于大学生形成正确的体育观念，使他们的体育态度、体育行为和体育意识更具有理性化，使学生懂得体育对人一生的影响，引导学生自觉自愿地参加体育锻炼，使体育成为当代大学生的生活中不可缺少的一部分。因此，体育知识教学对于帮助学生形成长期的、可持续发展的体育锻炼习惯是至关重要的。作为教学内容的体育知识，应具有一定的深度和广度，在结构上应具有系统性和完整性，学校应安排足够的学时进行集中教学。

高校体育课程中的素质教育，其基本内容应包括身体素质和社会心理素质两个方面。高校体育开设体能教育课程是增强学生体质、提高学生健康水平、培养终身体育意识与习惯的必然选择，而对培养和发展学生的社会心理素质则是一个正在引起关注，但在理论和实践上尚未很好解决的问题。笔者在本书提出，在普通高校体育课程中开设社会化课程并设计出相应的教学模式，就是为了发展学生的社会心理素质。体育课程内容中选择社会化课程，正是充分考虑对学生健全人格的培养和在充分发展学生个性的前提下促进个体社会化进程。这是基于大体育观上的大体育教育观对高校体育课程提出的新的要求。

（二）课程范畴模式

完整的课程结构应包括现在课程与潜在课程两个方面。

在高校，最主要的体育潜在课程就是课外体育活动。课外体育活动不仅是课堂教学的补充与延伸，同时还具有课堂教学无法比拟的独特功能。在问卷调查中，我们发现学生对课外活动有极高的评价与认同（见表4-9），认为从课外体育活动获益最多的学生高达 73.26%，而对体育课的选择率仅为 17.43%，这一结果耐人寻味。这至少说明我们应在继续加强课堂教学改革的同时，对课外体育活动的价值和功能进行重新定位，应把课外体育活动纳入课程的范畴来认识。课外体育活动除了法定时间的活动外，还包括法定时间以外由学生自发组织的体育活动。

表4-9　对使大学生获益最多的体育活动方式的调查情况

分类	人数	百分比
体育课	146	17.43
课外体育活动	596	73.26
利用媒体或观看体育竞赛	72	9.41

目前，我国部分高校正在实行的课内的一体化教学、俱乐部制教学以及协会制教学都取得了较好的效果。这说明在高校，传统的体育课程观已发生动摇，高校的体育课程不应是基础教育阶段体育课程的简单延续与重复改革实践所积累的经验。结合我们对高校体育课程价值观、学生观的认识，我们认为，若使高校体育面向新世纪、面向全体学生，则必须打破传统的简单的高校体育课程模式，树立现代高校体育课程的活动观，建立符合现代教育发展趋势的活动体系，坚持大体育观，变平面教学为立体交叉教学，使高校体育课程活动具有"双边共识，灵活结构，动态生成和综合渗透"等特性。

（三）课程类型模式

社会的进步，事物的发展源于持续不断地改革创新。大学体育教学的内容应适应现代思想的更新和发展，适应社会的发展和需要。改变过去以单纯技术传授为主线，单纯追求学生的外在技能为目的的教学体系，通过体育教学完成在校期间对学生身体素质的形成、技能的培养、知识的传授等方面的任务。培养学生体育的志向、习惯、能力等，适应以全民健身体育、终身体育为主要内容的素质的需要。

因此，高校体育教学课的类型是近几年教学改革的热点，各校结合自己的特点，在课程的类型结构上也发生了不同程度的变化，设计了多种课型。诸如基础课、专项课、体能课、选项课、保健课、兴趣课等，这些课型都是以教学内容和课程的目的任务为设计依据，有一定的存在合理性。在教学观念业已更新的今天，这种对课程类型的简单划分已不能适应时代的发展，为此我们构建了高校三种体育课程的基本课型。

在高校体育课程中，以往的课程是一年级基础课、二年级必修课、三年级选项课和保健课，这种课程结构的体育教学单一、狭窄、封闭。新课程将课外体育、校外体育、运动训练纳入体育课程，形成课内外、校内外有机联系的课程结构，使课程更具有多样性、灵活性、整体开放性的特征。目前常规型教学课仍是一、二年级最主要、最基本的课程类型，但最受关注的则是高年级的自主型活动课和开放型综合课两种课型。自主型活动课中的体育文化活动课、竞赛活动课通常被作为隐形课程对待，教师除了开展专题讲座、进行技术辅导、考核测验外，主要由学生自主性活动、自学自练、组织训练比赛、观摩交流。开放型综合课中的俱乐部制或协会制教学课既不同于传统的常规型教学课，也不同于作为隐形课程的自主型活动课，无论俱乐部制还是协会制教学，以及正在开发和提倡的传统体育教学课，在教学管理上是开放的，在组织教学的形式、教学内容的选择、教学的基本价值取向等方面是综合的。这种课程在高校得以存在和发展的基础是学生体育群体意识和归属感、认同感的培养，也是一种受学生欢迎、很有发展前景的课程形态。目前，我国高校高年级的体育课程从课程设置到教学活动的组织都朝着这方面发展，它是教学改革的一个主要方向。

二、课程模式的运行

课程模式运行包括两个方面，一是课程设置的时间和空间特征，二是课程管理。

（一）课程设置

体育课程设置是指根据体育课程的目标要求，制定体育课程的形式、教学时数，注意教学内容的系统性，拓宽知识面，开设跨学科或交叉学科的理论课。

体育课程设置是以学生的心理水平、学习兴趣和社会生活为主进行设计的，强调学习的过程性和学生的参与性、主体性，从而发展和提高学生的身心素质、体育特长和个性，培养学生的身心健康和终身体育观念。社会化教育课程、健康教育课程、体育文化建设课程和运动参与课程将纳入大学体育课程的教学大纲、教学计划，作为重要的培养模式，占课程的比例30%，成为高校体育课程的重要组成部分。高校体育课程面向全校师生员工开设，开设后学生可以继续体育教育，也可以继续获得学分。课程的类型可分为基础课、专项课、必修课、选修课、体育俱乐部和高水平运动队的训练课。大学一、二年级开设常规型教学课，课程内容以技能技术、身体素质体育基本理论知识为主，在课程范畴上是现在课程，各具体课程可根据授课时数前后相继，衔接安排，也可平行安排整体推进。大学三、四年级开设自主型活动课和开放型综合课，在课程内容上除继续加强技术、技能、知识教学外，还突出素质教育，重在树立终身体育观，突出"健康第一"的主题，强化体育的社会价值，在课程范畴上重视隐性课程的开发。

在时间上，除了正规的课堂体育课外，可以安排在双休日、课外活动和寒暑假。学生每学期必须参加 1~2 项，每周 2~3 学时，第一学年开设必修活动课，第二、三学年开设选修活动课。可由学校的具体体育部门定教师、定班级、定内容向学生开课，也可让学生自选时间、自选内容、自选教师参加。各年级教学重点与课程设置参见表 4 – 10。

表 4 – 10 各年级教学重点与课程设置

年级	一年级	二年级	三年级	四年级
重点任务	掌握运动技能、发展体能	了解健康知识，形成健康的生活方式	了解体育知识，发展自己的特长	掌握现代生存的技巧
教学重点	全面发展学生体能，传授竞技运动的基本技术知识，发展基础运动能力	介绍生理和心理卫生常识，倡导健康的生活方式，介绍锻炼原理和方法	提高运用技术、知识的能力，使其更广泛地接触体育文化	培养意志品质，竞争、合作、拼搏的精神以及良好的团队精神和领导能力
开设课程	竞技教育课程，体能教育课程	健康教育课程，体育文化建设课程	运动参与教育课程，体育文化建设课程	社会化教育课程，体育文化建设课程

在空间上，除了竞技体育教育课程和运动参与教育课程需要在篮球、足球等体育场地，体能教育课程在健身房和田径场，健康教育课程在教室，社会化教育课程、体育文化建设课程可以根据课程教学内容安排在校内外。这种课程设置既满足了学生对体育的需求，又可以极大地缓解高校体育设施不足带来的矛盾。

（二）课程管理

对于常规型教学课的课程管理，几十年来已有一整套措施与方法。对自主型活动课程和管理主要是考核标准、方法的制定考核标准与方法决定了这类课程的运行态势。开放型综合课的管理难度较大，应根据师资情况和场地器械条件做出统筹规划。由于学生的兴趣爱好差异较大，自由选项上课，项目更换频繁，且不受班级、教学进度、教学内容的限制，因此开放型综合课中俱乐部制教学或协会制教学都应处理好"学"与"教"的特殊关系。在教的方面，应制定一系列与这种课程模式相适应且具有可操作性的管理措施，引导学生充分利用和适应这类课程。

在课程管理上应充分考虑学生个性的发展，了解当代大学生对体育需求的特点，引导学生参与分科教学、综合统筹。跨校上课中的跨校选项是课程管理上一个值得探索的问题，在高校相对集中的地区（如上海和广州的大学城）实行跨校上课，可以资源共享、优势互补，这就涉及一个"多边管理"的问题，在共同目标的基础上，对课程实行多边管理是可能的，目前有些学科与专业已开始了尝试。

三、课程模式的实施

科学的课程模式如果不能很好地实施，必然影响到课程改革的实效，课程设计也没有任何意义。而课程一经实施，也就进入了教学的领域，属于教学研究的范围了。课程理论必然会考虑到课程实施的问题，而教学理论则肯定会涉及教学方法。课程模式的实施必须借助于体育教学。好的教学离不开合适的教学模式，因此课程模式的系统设计中不可避免地要考虑到教学模式的选择。

（一）教学模式和体育教学模式的界定

1. 教学模式

教学模式即学习模式，它是帮助学生获得信息、思想、技能、价值、思维方式及表达方式，使学生知道如何学习；同样，它可以看作教学系统——教学过程——教学方法的中介和桥梁，也是教学系统和教学过程的引申，还是提供如何最有效地达成既定教学目标的程序和策略，对教学模式的研究具有实践意义。

2. 体育教学模式

体育教学模式是体育教学理论的转化形式，也是体现一定的体育教学思想，并具有相对稳定结构和功能的体育教学的活动策略或简化的操作模型。

（二）我国当前比较有代表性的体育教学模式

1. 快乐体育模式

快乐体育模式是指以运动为基本手段，采用适宜的教法增强学生体能，使学生得到理性的快乐体验的一种体育教学模式。它能较好地提高学生的学习兴趣，养成锻炼的习惯。其特点是通过教师的指导，使学生在乐中学，在学中乐。在快乐体育模式的实践中，较典型的是成功体育教学。其特点是学生通过努力，不断产生自我超越感，使身心得到发展。在这种教学模式中，教师可以根据学生的个体差异，选择和设定有关的场地、器材和规则等。

2. 导学式和学导式教学模式

"导学式"的特点是以教师直观的动作示范来传授动作技能为基本特征，其主要功能是以动作示范为先导，使学生一开始就建立正确的动力定型，获得技术动作的感性认识，为掌握动作技能的理性知识奠定基础。它突出了直观教学的作用，可启发学生的形象思维，激发学生的兴趣和调动学习的积极性。而"学导式"则以

"先学后导"为基本特征，它的主要功能是通过学生练习，激发学生自学的内因，使学生理解和掌握知识技能，教师在学生自练后的讲解、示范都是围绕学生提出的质疑或教学关键进行重点的精讲和点拨。其基本原则是"学前导后"，只适用于有一定自学能力的学生，并且教材前后联系密切。但是，这种教学模式的应用范围存在一定的局限性。

3. 发现式体育教学模式

其教学程序为教师提出问题（其难度适合学生现有的水平），组织提问或演示，得出结论或评价，在运动实践中体会练习。但我们发现式教学模式的运用需要一定的条件，如学生必须有一定的科技和体育知识、技能的储备，这就要求教师要根据学生的实际情况选择运用。

4. 体育小群体教学模式

体育小群体教学模式是指根据学生的实际，按照区别对待和有利于集体学习的要求所采取的组织分组。它的基本教学程序为教师提出要求，组成小团队学习，团队间活动，团队解散。这种教学存在一些较难处理的关系，如集体教学和个别教学的关系、教师与学生群体的关系、团队"领导"的产生与能力关系等。

5. 合作竞争教学模式

合作竞争教学模式是指在教师的指导和学生的参与下，利用适宜的条件，创造一种较为复杂的运动环境，使学生们通过个人的努力或与同伴进行协作，克服困难，完成任务，促进学生体育合作与竞争意识双重发展的一种教学形式。这种教学模式的作用是能够促进学生合作能力与竞争意识的发展。其特点是师生共同参与，学生在运动中学会合作与竞争。适应条件是根据教材特点，低年级适宜强调合作，高年级适宜强调竞争。竞争与合作模式的不足不利于技能教学，教师不容易控制教学的方向。

6. 俱乐部型体育教学模式

俱乐部型体育教学模式是让学生参与组织教学和管理工作，在教学指导思想方面注重培养学生的体育兴趣和提高学生的体育能力。它的优越性在于能够较好地发挥学生学习的主观能动性，兼顾学生的兴趣爱好，调动了学生学习的自觉性和积极性，是目前我国高校较优越的一种体育教学模式。它的优点是有利于保持体育教学与课余体育活动的连贯性和统一性，把体育教学过程延伸到高等教育的全过程，能充分发挥体育教师的运动专长，促进体育教师提高业务能力、钻研教学，能充分发挥教师的主导作用和学生的主体作用，促使体育教学由传统的"体育技术、技能中心"向"体育方法、体育动机、体育活动、体育经验"转移。体育教育过程由权威式传递知识转向指导学生自主学习，实现体育教育的现代化、自主化、开放化和终生化。

通过以上体育教学模式的比较，我们可以看出各种体育教学模式均有自己的独特风格和优越性，但各有其不足之处。

（三）体验式教学模式的提出

随着高校教育改革和高校体育课程改革的不断深入，教学方法也就需要不断丰富和拓展。高校体育需要采用一系列的教学模式才能满足课程、教学和评价对其的要求，因为没有一种教学模式在任何时候都适用于所有的学生。

体验式教学模式是国内外拓展培训公司所采用的教学模式，取得了很好的社会效应。全世界此类的培训公司有几十所，许多知名品牌公司参加了培训并作为公司员工培养的主要教学手段。笔者在四川大学实习的时候，曾采用这种教学模式进行大学二年级的体育教学，受到了学生的一致好评。

1. 体验式教学模式的概念

体验式教学模式是以"学"为主，教师根据具体的教育内容和教育目标，科学有效地为学生创设一种能使学生达到"高峰体验"的环境和氛围，学生通过在小组活动中的充分参与来获得个人的体验，然后在教师的组织下，小组团队成员共同交流，分享个人体验，教师结合自身体验迁移提高的教学方式。

体验式教学模式借鉴国内外拓展培训的教育理念和培训方法，并结合我国高校教育和体育的实际运行模式，设计和引用了一系列融知识性、挑战性和趣味性为一体的教学内容，发挥体育以体验为主的教学特征，使学生掌握现代生存技巧和人际关系技能，满足学生全面发展素质需要的教学模式。

2. 体验式教学模式

（1）体系

一般体验式教学分为以下四个阶段：

①教学目标分析，即学生特点、学生需求和预定教学目的。

②教学方案设计，即确定教学项目、征求学生意见、修正教学方案。

③课堂教学，即情境设置、破冰/热身、参与体验、反思回顾、引导催化、提高迁移。

④评估与追踪，即教学效果评估、学生表现评估、追踪与改进。

活动的每一步都有具体的目的，保证中心内容的落实和活动的进一步科学、合理。通过这些步骤，保证了与主题有关的思维贯穿于整个复杂的活动中，学生的注意力集中在自己所扮演的角色上，体会不同角色的行为和心理变化。这样，学生就可以在后面的头脑风暴时互相分享对活动的看法（见表4-11）。

表4-11 体验式教学模式结构

第一阶段：教学目标的分析	第二阶段：教学方案设计
学生的特点	确定教学项目
学生需求	征求学生意见
预定教学目标	修正教学方案
第三阶段：课堂教学实施	第四阶段：评估与追踪
情境设置	教学效果评估
破冰/热身	学生表现评估
参与体验	追踪与改进
反思回顾	
引导催化、提高迁移	

体验式教学模式根据不同教学目的、教学对象、教学人数和教学时间等条件，制定不同的教学方案。体验式教学效果的好坏依赖于教学情境的设计水平的高低，特别依赖于体验之后进行的分享，同样也取决于学生在活动中体验的程度。学生首次参加体验式教学时，没有必要强调活动完成和分享都出色，但是参与体验时必须认真、投入，以便于随后进行反思回顾。体验式教学四个阶段不是直线性的结构，而是一个循环的教学过程。

（2）组织结构

在这个模式里，存在着合理的内部结构。教师负责引导学生从一个阶段过渡到另一个阶段，把握整个教学内容的进程。但是，大部分活动和讨论由学生及所选的临时管理者来决定。

教师对情境的布置要合理，描述要精练和生动。教师要鼓励学生自由、真诚地表达思想和情感，应当在自己与学生之间建立起平等与信任的关系。教师能够通过接收所有学生的合理建议，不做价值性判断的方式来建立这种关系，因为这样，学生的情感和态度才能以这种简单的方式表现出来。

教师是教学中主要的策划者和支持者，同时也是学生的指导者，他们需要挑选研究的问题、引导讨论的发展、选择相应的项目、决定项目实施的时间、监控项目保证活动的安全性等工作。教师最主要的任务是决定满足学生哪方面的需要，使用什么方法满足学生的需要。实质上，教师通过特定的情境，通过学生参与活动的体验来满足学生的需要。

（3）教师作用的原则

对于这个模式，我们认为有五种作用原则较为重要。第一，教师应该以一种非评价的方式接受学生的反映及建议，特别是与他们的观点及情感有关的反映或建议；第二，教师的指导应以帮助学生探索体验的情境的层次，确保活动的主题；第三，通过体验、分享和迁移，教师应当提高学生对自己的观点和情感的意识；第四，教师应强调可以用不同的方法完成同样的项目，产生不同的心理感受；第五，要教育学生认识到解决一个问题可以使用不同的方法，因为没有一种方法总是正确或最好的。教师要帮助学生根据结果来评价某种行为方式，并将其与其他方法进行比较。

（4）支持系统

体验式教学需要一些简单的器材和专业的户外运动装备，最好有相对安静的空间场所、一名了解体验式培训课程及其流程的教师以及相关有挑战性的项目。

（5）该模式可供选择的项目

合理的项目是体验式教学成功与否的关键。合理的项目依赖于很多因素，如学生的体育能力、文化背景、项目的挑战性、项目的内涵和学生的社会经验等。如今的培训项目种类齐全，大致可以分为以下几个方面：①冒险项目；②生存技能项目；③人际交往项目；④团队建设项目；⑤管理项目（包括时间、资金和人力资源管理等）。根据教学的地点不同，培训项目又可大致分为场地项目、野外项目、水上项目、室内项目和调节项目。

（6）教学效果和教育效果

体验式教学模式除了能更好地让学生将知识内化为素质、转化为能力外，还有特殊的教育效果，如对个人的价值观和行为的分析、培养解决人际交往问题的方法、学会现代生存的技巧。如体验式教学的教育功能表现在对有关社会问题、价值观念知识的获得，能够轻松地表达个人的观点。

3. 体验式教学模式与传统教学模式的区别

体验式教学即是"超越性教学"，它以个性发展为依归，强调的是教育者通过"体验"获得自我完善和自我超越，也是一种个性化课程。而传统的体育教学是以技能的学习和体育知识的传授为主要手段，它是一种"经验教学"。在教学过程中，学生的体验活动只不过是学习技能的一种手段和方法，强调的是学生通过"体验"实现生理机能的优化。

（1）教学方法

传统的体育教学方法一般采用集体教学和个别指导，能发挥体育骨干的带头示范作用，分组教学和个别指导可能就是最好的模式。在这个教学过程中，体育知识和技能的传递都是单向的，学生始终处于被动的局面，不符合现代教育以"学生主体，教师主导"的教育方针。而体验式教学以活动为道具，以学生为中心，为学生创造难忘的学习体验；通过对体验的反思，使体验者超越体验；同时使体验者全身心地参与到学习之中，在激励中加速所学知识的有效转换；并且紧密联系体验者的学习实际；以学习为目的，提供挑战和高峰体验。

体验式教学则始终遵循"体验式学习圈"理论设计和实施，寓教于乐，融挑战性、教育性、实用性为一体，师生之间、同学之间是平等对话、共同参与、互相分享体验的学习模式。

因此，我们在设计体育教学课程的时候也可以从竞技体育项目和理念的圈子里跳出来，拓展训练和其他培训项目可以提供给我们很多好的借鉴，我们也可以根据体育教学的特点设计更多符合 21 世纪人才所需的课程来满足学生不断发展变化的需求。

（2）课堂常规

当前，我国高校体育教学把体育课划分成准备部分、基本部分、结束部分；也有"四段论"之说，即把准备部分一分为二为开始部分和准备部分，但它与"三段论"并无区别，这种划分的理论依据是人体生理机能活动能力变化的规律。

有些学者根据国外的经验将体育教学分为六个部分：①引起动机阶段；②满足运动愿望阶段；③适当降低强度，保持活跃情绪阶段；④发展运动能力阶段；⑤身心恢复，调整阶段；⑥小结和布置作业阶段。

体验式教学模式的热身除了身体的活动外，更注重调动学生的积极性，增进学生之间的了解和鼓励学生相互交流、沟通。这些观点更加符合学生身心和社会适应发展的规律。

因此，我们可以引进体验式教学模式为契机，改变国内体育教学只注重生理效应的单一局面，按照人体生理、心理和社会适应等方面的规律安排体育教学的模式，实现体育教学内容、方法和形式的多元化，使体育课程教学的结构更加科学、合理。

（3）教学理念

传统的体育教学强调的是指令式的管理，学生的一切活动要在教师的命令下进行。因此，很多体育教师在实施体育教学时，竟然把教师的身份和学生的考试成绩作为维护权威的工具，甚至不惜采用责骂和体罚的手段。

而体验式教学用个人和团队的目标来保证训练的正常进行，实行的是现代最流行的目标管理。高校的体育教学不同于中小学，教育对象已经有很强的判断能力和自我控制能力。因此，我们在高校体育教学中采用目标式管理不仅有利于提高教学的效果，而且有利于加速学生的社会化进程。

（4）教学手段

美国教育学家 R. M. 加涅说过，教育的平等不仅仅是每个人都有受教育的权利，而且要确保没有一个人是"教育上的不利者"，并确保所有学生都有最充分地运用自己潜能的平等机会。基于这一点就必须找到有效的教学手段。传统的体育教学把动作技能的学习和体育理论知识的学习割裂开来，因此出现了理论课和实践课的说法。教师把自己的知识灌输给学生，由于每个学生的学习态度、能力和天赋不同，不同学生对于教学的内容和技能的掌握程度也大不相同。

而体验式教学是强调把作为知识的信息包含在各种游戏项目当中，"在做中学"带给学生真实的体验，激发实实在在的学习行动，追求实实在在的学习成果。每个学生从活动本身的体验以及学生之间自身经验和感悟的分享来获得知识，内化为素质，在活动中又外现为能力，就实现了从"知识—素质—能力—知识"的转化过程。信息的传递以学生为主体，教师的知识传授在学生从事的活动以及师生相互分享的过程中完成，以学生表现出来的能力加以强化，并以素质的形式存在于学生的意识形态之中。

在这个过程中体育教师应该是导演，学生才是"演员"。体育教师要用20%的"导"为学生提供条件、创造环境、指明方向，让每个学生积极参加80%的"演"——思考、身体练习、识记、形成技能，才能确保没有一个人是"教育上的不利者"。

但是体验式教学模式并不是与传统的经验教学、既有的教育模式相对立，而只是在体验式教学模式的个性追求中找到经验教学和现有教育模式的价值与意义，同传统的教学模式一起为实现更好地体育课程的目标服务。

4. 实施体验式教学模式的可行性分析

虽然拓展培训公司采用体验式教学模式已经受到国内外许多培训机构的认可和很多企业的推崇，但是如何在体育教学中开展体验式教学，还需要从理论和实践两个方面加以探讨。

（1）体育教学运用体验式教学模式在理论上的可行性分析

体验式教学模式其实质也是一种以身体活动为手段的教育模式，它也是根据培训对象的不同有计划、有目的、有组织地安排培训项目。这与体育教学的实质没有什么区别，也可以说拓展培训其实就是体育社会功能的一种体现和延伸。因此，拓展培训的体验式教学模式回归体育教学也是教育面向社会、素质教育时代需求和发展的趋势。下面从理论上对两者的目的、手段和方法上做进一步的阐述，为我们更好地在体育教学中开展体验式教学模式找到理论根据和借鉴。

①体验式教学的目的和体育教育的目的相一致。体验式教学的目的是提高学生的综合素质，实现"超越自我，熔炼团队"的目的。体育教学目的是提高学生身心健康和社会适应，因此，体验式教学对于实现学生的社会适应这个目标是相一致的，而且拓展训练中所需要的综合素质也是体育教学所追求的，所以两者的目的是相一致的。

②体验式教学手段与方法和传统体育教学是相同的。体验式教学模式将教学内容渗透在参与者的行为体验中，从学生在面临挑战时本能和最现实的思维方式与行为方式的表现入手，通过具有针对性的培训指导，完成最深刻的观念转变，并形成更好的行动方案。同样的，体育教学也是通过学生的不断重复练习的行为，完成动作技能的学习和体育相关意志品质的培养。

③体验式教学模式的运用原理和途径符合体育教学规律。有调查表明对于阅读的信息，我们能记得 10%；听到的信息，我们能记得 20%；但所经历过的事，我们却能记得 80%。拓展训练和体育教学都是利用这一原理，采用体验式的学习模式；同样，拓展训练设计特定的场景来让学生通过活动发现自己平时没有意识到的问题，得到一种体验，这种方式与体育教学的模仿练习和教学比赛也很相似。另外，体育教学和拓展训练都采用对身心的不断刺激来形成稳定的心理品质，在这一点上两者也是一致的。

（2）体育教学开展体验式教学模式在实践中的可行性分析

①体验式教学模式的教学内容能实现体育教学的目标。体验式教学模式的项目非常丰富，适用于不同类型的体育课程。它可以很好地实施高校体育理论知识课程、健康教育课程和社会化课程。体验式教学通过身体体验和分享，再体验，再分享的过程来获得知识。由于学生对项目的情节和活动都感兴趣，所以学习的积极性和主动性很高，实现了"知识—素质—能力"的相互转化，使学生对知识学习能够融会贯通，从做中学，从学中做，为高校体育素质教育提供了一条有效的途径。

同时，通过活动中的体验，学生能够提高认识自己和他人情感的能力。通过活动中对困难情境的处理，学生能获得新的行为方式和思维习惯，提高分析问题和解决问题的能力，这些都是高校体育社会化课程的重要内容。

②体验式教学所需要的场地、器材和设施要求不高。目前，国内拓展培训主要采用场地、水上和野外三种培训方式。我们很多高校的公园和广场都可以作为拓展

培训的场地，而水上项目除了一些学校有天然的河流外，大学的游泳池也可以作为很好的培训场地。另外，像北京高校离八达岭和香山不远，教师也可以利用周末安排学生去那里参加野外培训课程。这些具体项目的设施建设和维护的费用也是相当低的。例如，断桥和空中单杠两个项目，就只需在两棵大树上用木头做好平台即可。至于像信任背摔、电网、雷阵等项目就更简单了，只需自己制作简单的道具即可。总之，拓展培训课程提倡回归自然，在自然中得到身心的愉悦和感悟。目前，各高校的校园都建设得很优美，我们完全有条件使体育教学从水泥甚至依旧是煤渣的体育场地里走出来，充分利用美丽的校园开展体育教学。

③人的因素。拓展培训中关键的一个因素就是培训师的组织、监控、引导和归纳能力。而高校体育教师的综合素质普遍较高，教学经验丰富，对教育学、管理学、组织行为学、心理学等方面的知识也有一定的了解，再加上高校良好的文化底蕴和学习氛围，只要接受简单的培训和学习，就完全有能力开展体验式教学。

总之，目前高校能满足开展体验式教学模式的一切条件，只要我们体育工作者自身开辟视野、更新观念、积极主动地改变现状，就一定能很好地利用"拓展培训"这一先进的培训理念和培训模式。

5. 体育教学开展体验式教学模式存在的问题和建议

体验式教学模式借鉴了目前比较先进的拓展培训模式，但也不是完美无缺的，它作为一种教育手段也存在一定的局限性。首先，它每次教学对象的人数要求不能太多，一般每个团队最好在 8~15 人才能保证良好的教学效果。其次，体验式教学模式需要相对较长的教学时间（一般 1~2 天），这样才能通过不间断的游戏项目来刺激学生，让学员去"悟"，然后在项目中自我纠正，才能形成相对稳定的心理特征。这与现行的每周一次不到 90 分钟的课程教学相矛盾。最后，体验式教学模式对身体素质教学的效果不是很好，只能让学生感受到身体的重要性，获得一种参加体育锻炼的急迫感和欲望。

体验式教学模式作为一种能够提高学生能力的模式，我们可以将体验式教学模式作为一种高校体育教学的改革手段。但是任何一种单一的模式都无法取得重大的效果，只有各种模式的综合运用才会帮助学生获得不同的学习方法，而这些方法的结合则会使学生有效地提高自我教育的能力。

因此，我们应该借鉴拓展培训的先进培训理念和一些好的培训项目来改变我们的体育教学模式过分单一的局面。运用拓展课程和俱乐部教学两者的互补性，在课堂教学上运用拓展课程来实现以心理和社会适应两个方面的教育目标；而在课外活动中运用俱乐部教学的个性化和灵活性来实现生理方面的教育目标，从而实现优势互补，共同为体育的教育目标服务。体验式教学模式可以与现行的俱乐部教学模式和快乐体育教学模式相配套，课内与课外相结合，满足高校体育课程的需要，使学生生理、心理和社会适应三维协调发展，达到学生全面发展的目的，从而使高校体育教学真正体现健康教育和素质教育的教育理念。

（四）教学模式的选择

通过对高校体育课程的探讨，对于高校体育课程的多元化需求以及高校学生的个性化差异，我们就必须采用多种教学模式相结合的教学策略。正如美国著名教育理论家和教育实践者 B. 乔伊斯和 E. 卡尔康所著《教学模式》的前言中指出的那样，没有一种教学模式在任何时候适合所有学生。只有多种教学模式相结合，才能使所有学生都可以从教学模式中获益，更好地实施体育课程。强有力的教学模式适合所有学生，并能够创建一种平等的机会，因为运用这些教学模式不仅可以教会学生如何学习，而且由于它们具有相当的灵活性，所以可以适应并利用学习之间的差异。由此，运用多种教学模式，我们可以帮助学生掌握学习的工具，促进学生更好地发展，这些正是高校课程的内在要求。

上文所构建的体育课程模式中高校体育的竞技运动教育课程可以采用现在已经比较成型的俱乐部型体育教学模式，而对于运动参与教育课程和体育文化建设课程则可以运用比较流行的快乐体育教学模式。由于健康教育课程、社会化教育课程在传统体育教学中一直没有很好的教学模式，因此教学效果不尽如人意，而体验式教学模式可以很好地达到这个目的。笔者认为，高校体育可以采用体验式教学模式、俱乐部型教学模式和快乐体育教学模式三种教学模式来满足课程和教学的需要。

从发展趋势来看，现代体育教学过程应是"学习者主动和由学习者推动的过程"，这是"教师主体"向"学生主体"的重点转移，是学生主体地位的真正确立。我们将传统"体育课"转变为三种新型的教学模式，这是强调教学的目的和内容的多层次。简明扼要地说，高校体育采用体验式教学模式、俱乐部型教学模式和快乐体育教学模式并不是简单的综合，而是把高校体育资源有效地整合，使高校体育整个系统更加科学、合理和有序。这种教学既能向学生传授体育的基本理论知识，又能结合实践活动培养学生素质，突出"健康第一"的主题，强化体育健康教育与终身体育的意识，提高学生的社会适应能力和身心诸方面的综合素质。因此，教学模式绝不仅仅是名称的改变，而是在指导思想、目标、内容及评价上有新的突破。

在高校体育教学中，如果要给予大学生全方位的体育教育，即体能教育、健康教育、娱乐教育、竞技教育、心理卫生教育和社会生存技能教育等，就必须采用多种模式相结合的教学模式，这种综合性的教学模式必将成为 21 世纪我国高校体育教学的主导。

第五章

体育教师教学能力探析

第一节　体育教师教学学术能力的理论解读

在学术界，"教学学术"这一概念的出现吸引了很多国内外教育工作者，每个人对此术语都有许多不同的界定和不一样的理解认识。为了认真研究高校体育教师教学学术能力，首先必须了解体育教师教学学术能力是什么、此术语的内涵与特征是什么，否则研究对象的概念不清晰，容易偏离研究目标。

一、体育教师教学学术能力的内涵

教师教学学术能力是基于教学实践，为了达到教学和学术能力的融合，从教学学术角度出发，将教学学术建立在教学知识和教学观念的基础之上。笔者结合自己的理解，参考以往国内外的各类文献得出，教师是构建教学学术能力的执行者，反映了科学和教育教学相结合的思想。所以，教师教学学术能力是指教师在教学时，注重和同行的交流反思，并对教学学术进行创造性发展。

体育教师教学学术能力则指体育教师对体育教学的理解，基于体育教学学术理论，从教学学术的角度来理解和诠释体育教学的内涵，密切关注体育教师在体育教学活动中所表现的潜力，将跨学科的理论知识与体育专业知识相融合。笔者认为，体育教师教学学术能力是在体育教学实践与体育教学研究中取得的研究成果，依据大方向的目标，关注学生群体对学习的期望值，更好地完成体育教学计划的能力。为了得到高校体育教师对体育教学学术的认可，体育教学学术的内容价值研究和探讨是切实可行的。

二、体育教师教学学术能力的特征

为了进一步了解体育教学学术，首先需要掌握该能力的理论层面内涵及特点，随后才能着重探析它的构成，对后续撰写高校体育教师教学学术能力有所帮助。因此，本节主要从理论内涵层面对体育教师教学学术能力的特征进行详细描述，包括以下四点内容：

（一）知识专业性

体育教师教学学术能力的第一个特征非知识专业性莫属，特征是需要理论进行支撑的，而拥有专业的理论知识更能体现出体育教师教学学术能力的水平。教学学术概念的出现，目的是改善教学质量以及重科轻教的现象，而当时教学学术的发展受到限制，许多学者认为教学与学术是两个概念，一旦有新的概念出现，则意味着将与旧的观念有所冲突，而教学学术的产生是为了更好地融合教学和学术，使二者避免产生矛盾。任何时候、任何形式的学术基础都有扎实的专业知识，体育教学是体育教师教学学术实现的载体，体育教师需要以良好的专业知识素养为基础，并与其他教育工作者就此观念进行反思探讨，将自己关于教学学术的想法准确表达出来，才能完美实现体育教学学术，展现出卓越的学术成果。体育教学本身就需要专业学科的知识作为基础，高校体育教师教学学术同样需要专业的知识及专业的素养，因此高校体育教师教学学术能力的重要特征就是知识专业性。

（二）教学研究性

教学研究性是以体育教学为主，对教学过程的探究性。在教学过程中，针对教学的内容、方法和存在的问题进行研究，按照科学研究的模式来分析、解决这些问题，这样使得教学具有研究性。曾有学者说，新的知识的产生是学术研究的结果，通过教授学生学习知识达到传播知识的作用。从这句话中可以看出，教师教学学术应非常注重教学研究，体育教师更是如此，教学研究的主要目的是从体育教育教学过程中的问题导向到思考问题的来源以及如何解决问题，最后促使体育教学与科研有机结合起来。因此，高校体育教师教学学术能力具备的另一个典型特征是教学研究性，体育教师教学学术能力必须具有教学研究性，从而来体现出与其他学术形式的不同，显示其独有性，所以教学研究性是体育教师教学学术能力的特征。

（三）反思创新性

教学学术涉及哲学中的反思性，如学者克莱伯教授强调，反思在教学学术中占有一席之地，并构建了教学学术模型，反思是其主要构成部分，而创新性则意味着教师不断更新教学理念，改进教学方法。因此，不难发现，教学学术的又一特征是反思创新性。同理，体育教师在平时进行体育教学时，需不需要进行反思与创新呢？如何提高体育教学质量？这些都可以通过落实高校体育教师教学学术来完成。高校体育教师需对体育教学存在的问题进行反思，积极与其他教育工作者沟通后提出有创新性的建议，从而提升教学质量。高校体育教师对教学的反思和研究必须有理论作为基础，而教学学术恰巧为其奠定了坚实的理论根基，保证体育教师科学的反思和研究教学。所以，反思创新性是体育教师教学学术能力的特征。

（四）交流共享性

通过阅读大量文献资料发现，国内外的教育工作者都说过在教学学术得以实现之前，离不开各位专家的探讨与交流，同时得出的结果还要被其他教育工作者所认可，所以，体育教师教学学术完成的最重要一步就是交流与共享。此外，舒尔曼说教学学术需要具有开放性，接受来自不同学者的批评与建议，并且可以经得起推敲，能被大家使用和交流。教学学术也是学术的一种展现，既体现了教学成果，又体现了学术成果，所以它具有学术的标准之一即交流共享。因此，交流共享性是体育教师教学学术能力的特征之一。

笔者通过整理发现，体育教学与科研二者有区别也有联系，而高校体育教学学术的出现很好地连接着体育教学与科研。高校体育教学学术有其主要的特点，一眼就可以辨别，首先最基础的特征是专业知识性，任何学术都离不开专业知识；其次是教学研究性，只有不断研究教学，才能使高校体育教学学术进一步发展下去；最后是反思性创新以及交流共享性，只有充分把握并运用这些特征，才能对高校体育教学进行深层次研究和创新改革，以及对高校体育教师教学学术能力有更加清晰的认识和理解，最终达到提升高等教育教学质量的要求。

三、体育教师教学学术能力的构成

本节主要是论述高校体育教师教学学术能力的构成，前两节对理论层面的内涵以及特征进行了详细探究，通过整理国内外文献资料，准备延伸至体育教学学术能力的构成，一环紧扣一环，经过深入研究得出体育教师教学学术能力的构成主要包括以下几方面内容。

（一）专业知识储备能力

通过查阅相关资料以及学者的研究成果，可以初步得出专业知识储备能力在体育教师教学学术能力中占据重要的位置。体育教师教学需储备丰富的知识内容，但体育教师对自身教学知识的认知与储备的知识不等同于拥有这类知识的全部，也许对知识一知半解，其实可以通过体育教学实践检验是否真正具备专业知识。体育专业知识很宽泛，大到体育学科可以跨学科组合，毕竟知识是相通的，不能仅局限于某一专业，而放弃深入研究其他知识体系。同理，专业知识储备能力是体育教师教学学术能力的基础，一位出色的体育教师，必须掌握足够的专业知识，才能运用知识去教学生。诸多教育工作者都曾说，体育教学学术的发展在于体育教师肚子里有多少货。所以，从文献理论层面首先可以梳理出的一大构成就是专业知识储备能力。

（二）教学反思探究能力

研究是最能体现学术特征的，也是学术的核心和关键。教学反思探究在体育教师教学学术中占据重要位置，在体育教学过程中如果缺少了"反思探究"这一环节，就仅仅只是体育教学，失去了体育教学学术的重要特征。经对体育教师教学学术能力的理论探究结果进行整理，要想实现体育教师教学学术能力，教学反思探究就不可或缺。

（三）交流合作共享能力

在文献中我们发现对教学学术的定义颇多，但是有一些共性是学者都曾提到教学反思探究的结果必须是公开的，一个人的力量是有限的，所以我们还需要交流合作，以期望能达到最好的教学效果。要想发挥出体育教师教学学术能力，就必须掌握主动性，主动与教育工作者探讨体育教学的问题，与之进行交流合作，并分享自己的探究结果。高校体育教师与体育教师之间的交流的资源共享能力是促进体育教师对教学资源进行整合，推动体育教学实践公开化、更新教学理念、创新教学内容的重要保障。一方面可以使更多的体育教师了解该理论，并运用到自己的体育教学中去，革新体育教学手段内容；另一方面可以为体育教育工作者答疑解惑，提高研究体育教学学术的兴趣，并提出不同的见解。一些体育专业的专家学者可以通过了解大家的想法，及时更新自己对某一教学观点的看法，并及时传播，提升对体育教学的敏感度。综上可知，体育教师教学学术能力的构成也包括交流合作共享能力。

（四）教育观念创新能力

体育教师的教育观念不应停留在过去，不能只以体育教师为主，而是需重视学生，以教师为主导，充分发挥学生的主动性。体育教师的教育观念是否前沿，直接影响体育教师的教育行为。体育教学观念的创新有利于形成新的思想理论，使体育教育行业变得朝气蓬勃。一种教育观念从无到有，是什么让它们能有如此大的转变？是创新，教学学术的产物就是教育观念创新的产物，国内外学者经过多次研究，才确定了该观念的存在价值。过去的教育观念仅仅包含如何教学，教师的任务也只是教学，但现在它应涵盖所有与教育教学有关的理论，包括体育教师与学生对于教学活动的基本看法。同时，它也是集教师观、学生观、课程观等种种复合观念于一体的表现，教育观念得到了创新发展，从单一的教学到拥有丰富的教育教学体系等多种多样的内容，所以体育教师教学学术能力中的教育观念创新能力不可忽视。

（五）教师教学评价能力

教师教学评价是高校管理工作的重要内容之一，是衡量教师工作完成度的标准，也是教师工作方向的指挥棒。而体育教师教学评价标准不仅影响着社会、学校等对体育教师的衡量，还影响体育教师对同行的评价能力和对体育教师评价制度本身的评价能力。传统体育教学评价多为结果性评价，即学校制定体育教学目标，单方面以学生成绩和体育教师科研成果考察体育教师工作结果，忽视了体育教师部分教学需求和体育教师工作的投入度。在这种评价制度下，体育教师也不得已将对学生的评判标准由身心发展全面衡量转移到仅以学业成绩衡量，这样严重影响了体育教师对教学评价能力的发展。在学术评价体系中，评价主体要平等对待不同类型的学术，将体育教学真正列入学术评价的范畴。因此，可以总结出教师教学评价能力是体育教师教学学术能力的又一重要组成部分。

综上所述，笔者认为能构成体育教师教学学术能力的，必然具有自己的典型性，并且由专业知识储备能力、交流合作共享能力等五种能力构成。

四、体育教师教学学术能力的价值意蕴

体育教师教学学术的提出拓展了学术的视域范围，并丰富了学术的内涵。体育教师教学学术的提出更新了人们对于学术的认识，随着体育教学学术理念的深入，学者的学术观也得到了更深层次的更新。从社会、学校等角度入手，探究体育教师教学学术能力产生问题的原因，从另一个全新的角度探寻体育教学学术，具体从以下四个方面的价值进行阐述。

（一）进一步提升高校体育教师学术素养

高校体育教师是体育课堂教学的落实者，体育教师的个人学术素养直接影响该课程的教学深度和教学效果。为了使体育教师在学术上有更好的造诣，需要树立正

确的体育教学学术观，有利于进一步提高高校体育教师的学术素养。作为一名体育教师，体育教学是排在首位的，而有一些体育教师总是片面地认为体育教师只要掌握自己擅长的专业领域，就觉得自己精通体育教学了，所以对体育教学很少花精力去研究，不过体育教学学术恰好弥补了高校体育教师在学术研究上的空缺。所以，要想改变体育教师对教学的片面认知，体育教师必须下一番苦功夫，与时俱进，结合自己的认知更新教学学术观念，提升学术素养。当站在学术的高度俯瞰教学现实时，体育教师必须借助教育知识以及丰富的学术素养才能解决教学现实中的问题，体现高校体育教师教学学术的价值。

（二）反思并强化体育教育教学的地位

高校体育教师的首要任务是体育教学，而体育教学是培养体育人才的主要途径。随着社会的进步和高校的不断发展，需要重新审视与反思体育教育教学的地位，高校体育教师如果还是秉着"重科研、轻教学"的想法，认为当教师只需要教学，每天做着重复的事情，不仅会失去做教师的初心，更会失去人生奋斗的乐趣，从而导致体育教育教学的地位降低。科研与教学其实都很难，体育教师要想将教学钻研透彻，就需要了解学生和钻研教材，由于前人对此并没有很高的追求，也没有很专业的知识体系，不懂如何反思，因此并没有很在意体育教育教学的地位。但是体育教学学术的出现改变了一切，使体育教师有了积极向上的动力，想在学术界闯出属于自己的一片天。高校体育教师需积极主动地反思教学，不断更新教育教学观念，改善教学行为。只有把体育教学与研究相结合，不断反思，体育教师才能成为教学和教学研究的主人，才能提高体育教学工作的自主性和目的性，才能强化教育教学的地位。所以不断提高教师的学术素养，从体育教学学术的理念之中反思自身的体育教学，强化体育教育教学的地位，发现、解决问题，最后与同行共享体育教学经验。

（三）推动体育课程跨学科教育研究

在教学学术理念下，高校体育教学本质上是探索性的，而高校体育教师教学学术是属于跨学科的研究，它不是单一的体育学科，而是融合了教育学、生理学、医学等学科的一种综合性学术。体育教学与科研结合成就了体育教学学术，所以体育教师教学学术的开展有利于推动体育课程与其他学科之间的融合。体育教师的科研内容可以是有关医学的、生理的等，不仅体育教师可以研究其他专业，反过来其他专业的教师也可以研究体育，或许更加能发散大家的思维，并且通过反思交流自己的教学内容，发现与其他专业的不同之处，开辟新的角度，使教学学术研究内容更加繁多。体育教师教学学术所强调的体育课程创新大大推动不同学科教师之间的交流与影响，促进更多跨学科、跨平台研究的开展。

（四）促进体育教师的专业发展

开展体育教学学术的前提是具备了良好的专业知识能力，相比较来说确实有很高的门槛，并不是所有的体育教师教学学术能力都强。但是体育教学学术厉害的体育教师，一定有深厚的文化知识底蕴，具备一定的教学专业知识与教学研究能力，他们所拥有的知识之间的互动和循环不仅更新丰富了专业的知识基础，而且促进了专业的长久持续发展。体育教师在教学中获得的宝贵经验，也属于体育教学学术的一部分，通过与教育教学知识结合以及跨专业组合，形成自己独有的体育教学观念，再经过与其他教育工作者的反思交流探讨，随后将自己研究的结果公布出来，最后形成了体育教学学术。高校体育教师需要对体育教学过程保持高度的敏感性，并具备一定的反思和合作精神，体育教学学术不但能够为体育教师认识和反思体育教学提供理论支持，而且能够为高校体育教师的专业发展以及专业素质提升奠定良好的基础。因此，提高高校体育教师教学学术能力，使体育教师更加关注体育教学、反思体育教学，才能进一步提升体育教学能力，促进体育教师的专业发展。

第二节　体育教师教学学术能力的现状调查

一、高校体育教师教学学术能力的总体情况

通过本问卷收集的 200 份有效问卷数据，用 Excel 与 SPSS 软件从教学反思、教学评价、交流合作、教学观念这四个维度进行统计分析，本书将采用李科特五点式计分，故采用 3 分为中等强度的观测值。由表 5－1 可以看出四个维度均处于中等水平，但高校体育教师在交流合作维度的平均值明显低于其他三个维度的平均值，说明高校体育教师交流合作有待进一步加强。此研究采用差异比较法，分别从性别、学历、教师职称、是否有海外留学、是否参加过教师岗前培训、任教时长、所在学校类型和是否获得过教学相关奖项八个方面，简单地进行对比分析。

表 5 – 1　高校体育教师教学学术能力维度描述性统计

	个数	最小值	最大值	平均数	标准差
教学反思平均	200	1	5	3.9469	0.26919
交流合作平均	200	1	5	3.656	0.43127
教学观念平均	200	1	4.82	3.8841	0.34577
评价能力平均	200	1	4.86	3.9014	0.27413
总体平均分	200	1	4.89	3.8381	0.27386
有效数据	200				

二、高校体育教师教学学术能力的人口学特征

通过对湖南省 10 所高校的 200 位体育教师的情况进行汇总可以清晰地看到，在此样本情况中男体育教师与女体育教师数量持平，且教学职称、任教时长和岗前培训等方面都存在不同的表现（见表 5 – 2）。

表 5 – 2　高校体育教师样本情况（N = 200）

		个数	比例
性别	男	98	0.49
	女	102	0.51
学历	专科	0	0
	本科	26	0.13
	硕士	140	0.7
	博士	34	0.17
教学职称	教授	14	0.07
	副教授	38	0.19
	讲师	114	0.57
	助教	34	0.17
海外经历	是	49	0.245
	否	151	0.755
岗前培训	是	196	0.98
	否	4	0.02

		个数	比例
任教时长	5 年以下	37	0.185
	5～10 年	58	0.29
	10～15 年	58	0.29
	15～20 年	28	0.14
	20 年以上	19	0.095
学校类型	应用型	20	0.1
	教学研究型	59	0.295
	研究教学型	45	0.225
	教学型	39	0.195
	研究型	37	0.185
教学奖项	无	67	0.335
	校级	33	0.165
	市级	30	0.15
	省级	63	0.315
	国家级	7	0.035

被调查的对象为高校体育教师中，女性体育教师所占比例与男性体育教师相差不大，分别占总体人数的51%、49%；从学历结构可以看出，高校体育教师中硕士研究生占70%，其次是博士研究生，大学本科仅占比13%，而专科学历的体育教师为0；教学职称方面占比例较大的是讲师，占比57%，副教授与助教分别占比19%、17%；有海外留学背景的体育教师所占比重较少，约75.5%的体育教师无海外留学经验；在体育教师岗前培训中，高达98%的高校体育教师接受过岗前培训；在任教时长方面，大部分体育教师的任教时长都处于5～10年和10～15年，各占比29%，其次为15～20年以上的任教时长，占比14%；所在学校类型则是研究型、教学型和研究教学型、教学研究型的体育教师比重相差不大，分别占总数的18.5%、19.5%和22.5%、29.5%；教学奖项方面，31.5%的高校体育教师获得省级教学奖项，33.5%的体育教师未曾获得过任何教学相关奖项。

（一）性别结构特征

由表5-3可以看出在四个维度上，男女体育教师在"教学反思"这一维度存在着显著性差异，其他三个维度则表现得不明显。出现这一现象的原因无外乎几类，一是女体育教师性格比男体育教师温柔，学生一般愿意与女体育教师接触，相反，男教师自带威严，学生不敢接近；二是女体育教师想的事情较多，并且经常喜欢对自己的教学内容以及教学方法进行反思，而男体育教师的经济压力比女体育教师大，没有更多空闲时间研究体育教学。

表 5-3 性别结构特征

	性别	个数	平均数	显著性（双尾）
教学反思平均	男	98	3.9885	0.032
	女	102	3.9069	0.032
交流合作平均	男	98	3.6959	0.2
	女	102	3.6176	0.201
教学观念平均	男	98	3.9184	0.17
	女	102	3.8512	0.17
评价能力平均	男	98	3.9038	0.905
	女	102	3.8992	0.905
总体平均分	男	98	3.8693	0.114
	女	102	4.308	0.114

（二）学历结构特征

在表 5-4 中，因为调查结果中体育教师无专科学历，所以在此不对专科学历进行阐述。不同学历对高校体育教师的教学学术能力还是有影响的，在交流合作维度有显著性差异，博士大于本科；硕士大于本科，总体均值有差异，博士大于本科，硕士大于本科。调查发现，教学水平高的不一定学历高。术业有专攻，高学历的体育教师因为学术上成就较高，自我优越感强，分给体育教学的时间相对较少；经常会参加学术论坛等，有利于他们进行学术上的交流合作。而学历较低的体育教师则很少有机会参加学术上的活动，所以不同学历对高校体育教师的教学学术能力有影响。

表 5-4 学历结构特征

		个数	平均数	最小值	最大值	显著性
教学反思平均	博士	34	4.011	3.75	5	
	硕士	140	3.9446	3.88	5	0.15
	本科	26	3.875	3.12	5	

		个数	平均数	最小值	最大值	显著性
交流合作平均	博士	34	3.7676	2.7	4.9	0.002
	硕士	140	3.6764	2.9	4.9	
	本科	26	3.4	2.7	5	
教学观念平均	博士	34	3.9037	3.18	4.82	0.112
	硕士	140	3.9039	3.18	4.82	
	本科	26	3.7517	3.09	4.82	
评价能力平均	博士	34	3.9202	3.71	4.86	0.709
	硕士	140	3.9041	3.57	4.86	
	本科	26	3.8626	3.71	4.86	
总体平均分	博士	34	3.893	3.5	4.81	0.018
	硕士	140	3.8498	3.47	4.78	
	本科	26	3.703	3.19	4.89	

（三）职称结构特征

由表5-5可以看出在教学反思维度上，教授的教学反思能力远高于讲师且差异显著；在评价能力维度上，讲师则更逊于副教授，说明职称越高的体育教师在反思与评价方面更加全面，而在教学观念与交流合作方面未见显著性差异。

表5-5　职称结构特征

		个数	平均数	最小值	最大值	显著性
教学反思平均	教授	14	3.9821	3.12	5	0.000
	副教授	38	3.9638	4	5	
	讲师	114	3.9441	3.75	5	
	助教	34	3.9228	3.88	5	
交流合作平均	教授	14	3.7	3	5	0.839
	副教授	38	3.75	3.3	4.9	
	讲师	114	3.6675	2.7	4.7	
	助教	34	3.9941	3	4.9	
教学观念平均	教授	14	3.8831	3.09	4.82	0.338
	副教授	38	3.9091	3.45	4.82	
	讲师	114	3.8987	3.18	4.82	
	助教	34	3.8075	3.18	4.82	

		个数	平均数	最小值	最大值	显著性
评价能力平均	教授	14	3.9184	3.71	4.86	0.007
	副教授	38	3.9286	4	4.86	
	讲师	114	3.9023	3.57	4.86	
	助教	34	3.8613	3.57	4.86	
总体平均分	教授	14	3.8611	3.19	4.89	0.062
	副教授	38	3.8808	3.78	4.81	
	讲师	114	3.8453	3.47	4.72	
	助教	34	3.7565	3.47	4.78	

（四）留学背景特征

由表5-6中，以是否有留学经历为自变量，各维度均分和体育教师教学学术能力问卷总均分为因变量，进行独立样本检验。结果显示在教学反思、交流合作、教学观念和教学评价四个维度上，是否有留学背景对高校体育教师教学学术能力的影响效果并不明显。

表5-6　留学背景特征

		个数	平均数	最小值	最大值	显著性
教学反思平均	是	49	3.9821	3.88	5	0.292
	否	151	3.9354	3.12	5	
交流合作平均	是	49	3.6612	2.9	4.9	0.923
	否	151	3.6543	2.7	5	
教学观念平均	是	49	3.8896	3.18	4.82	0.898
	否	151	3.8823	3.09	4.82	
评价能力平均	是	49	3.9257	3.57	4.86	0.478
	否	151	3.8936	3.57	4.86	

（五）岗前培训特征

由表5-7可以明显地看出交流合作、教学观念、评价能力与总体平均值都存在着差异性显著，进行过岗前培训的体育教师在交流合作、教学观念方面优于未进行岗前培训的体育教师，总体平均值显示进行过岗前培训的体育教师优于未进行岗前培训的体育教师。这说明体育教师在岗前培训中可以学到不同的教学方法以及学习优秀的教师分享自己的教学经验等。

表5-7 岗前培训特征

	岗前培训	个数	平均数	显著性
教学反思平均	是	196	3.9522	0.051
	否	4	3.6875	0.173
交流合作平均	是	196	3.6745	0
	否	4	2.75	0.001
教学观念平均	是	196	3.8942	0.003
	否	4	3.3864	0.215
评价能力平均	是	196	3.9103	0.001
	否	4	3.4643	0.108
总体平均分	是	196	3.8492	0
	否	4	3.2917	0.046

（六）教龄结构特征

由表5-8可知，任教时长对教学反思、教学观念、交流合作与总体均值都有一定的影响，并且有显著性差异，在教学评价能力方面未表现出显著性差异。通过差异分析发现，教学观念受到高校体育教师教龄的影响，不同教龄的高校体育教师在教学观念、教学反思、教学交流合作和总体均值四个方面均存在极其显著的差异性。这说明体育教学是需要经过长时间的经验积累的，只有通过多年对体育教学内容的熟悉把握，并与学生长时间的互动交流，才能找到体育教学的感觉，体育教学活动才能真正成为体育教师个人独特的教学魅力。因此，"任教时长"这一特征对高校体育教师教学学术能力的影响相对明显。

表5-8 教龄结构特征

	教龄	个数	平均数	最小值	最大值	显著性
教学反思平均	5年以下	37	3.8176	3.12	4.88	0.003
	5~10年	58	3.9289	3.88	5	
	10~15年	58	3.9698	3.75	5	
	15~20年	28	4.0268	4	5	
	20年以上	19	4.0658	4	5	

	教龄	个数	平均数	最小值	最大值	显著性
交流合作平均	5 年以下	37	3.4757	3	4.9	0.018
	5～10 年	58	3.65	2.9	4.7	
	10～15 年	58	3.6621	2.7	4.7	
	15～20 年	28	3.8179	3.3	5	
	20 年以上	19	3.7684	3.7	4.6	
教学观念平均	5 年以下	37	3.7654	3.09	4.82	0.027
	5～10 年	58	3.8574	3.18	4.82	
	10～15 年	58	3.8997	3.18	4.82	
	15～20 年	28	4.0422	4.18	4.82	
	20 年以上	19	3.9163	3.55	4.82	
评价能力平均	5 年以下	37	3.8166	3.71	4.86	0.068
	5～10 年	58	3.899	3.57	4.86	
	10～15 年	58	3.8941	3.57	4.86	
	15～20 年	28	3.9439	4.14	4.71	
	20 年以上	19	4.0338	4	4.86	
总体平均分	5 年以下	37	3.7065	3.19	4.78	0.002
	5～10 年	58	3.8238	3.47	4.72	
	10～15 年	58	3.8482	3.47	4.75	
	15～20 年	28	3.9573	3.97	4.89	
	20 年以上	19	3.9313	3.78	4.75	

（七）学校类型特征

根据表 5-9 显示在教学反思和教学观念上，不同类型院校的体育教师有显著性差异，对高校体育教师教学学术能力的影响可以排列为研究型＞研究教学型＞教学研究型＞教学型＞应用型。由于学校类型的不同，研究型的学校更加注重在教学反思与教学观念方面引导体育教师及时更新教学观念，教学学术能力也会比其他类型院校的体育教师强，但每个学校对体育教师的教学要求也不尽相同，因此产生了上述的排列情况。

表 5 - 9　学校类型特征

	类型	个数	平均数	最小值	最大值	显著性
教学反思平均	应用型	20	3.9069	4	4.75	0.000
	教学研究型	59	3.9492	3.75	5	
	研究教学型	45	3.9972	3.12	5	
	教学型	39	3.9199	3.75	5	
	研究型	37	4.0625	4.38	4.88	
交流合作平均	应用型	20	3.5941	2.7	4.9	0.322
	教学研究型	59	3.6627	2.9	4.7	
	研究教学型	45	3.6933	2.7	5	
	教学型	39	3.6231	3.3	4.6	
	研究型	37	4.05	4.3	4.9	
教学观念平均	应用型	20	3.8697	3.71	4.86	0.129
	教学研究型	59	3.9019	3.71	4.86	
	研究教学型	45	3.9571	3.71	4.86	
	教学型	39	3.87	3.57	4.86	
	研究型	37	3.9524	4.29	4.57	
评价能力平均	应用型	20	3.8262	3.55	4.82	0.023
	教学研究型	59	3.8559	3.18	4.82	
	研究教学型	45	3.9606	3.09	4.82	
	教学型	39	3.8846	3.18	4.82	
	研究型	37	4.0758	4.27	4.82	

（八）所获奖项特征

表 5 - 10 显示的是高校体育教师教学获奖情况，由此可以看出在四个维度上表现出来都有明显的差异。出现此情况的原因有，经常发表论文或者从事科研的体育教师，他/她的教学观念会比只进行体育教学的教师要超前，思考问题也会比较长远，更乐于与其他教育工作者交流探讨等。因此，高校体育教师获奖情况表现得差异性比较明显。

表 5 – 10 所获奖项特征

	职称	个数	平均数	最小值	最大值	显著性
教学反思平均	无	67	3.944	3.88	5	0.024
	校级	33	3.9167	4	4.88	
	市级	30	3.95	3.75	5	
	省级	63	3.9782	3.12	5	
	国家级	7	3.8214	3.88	4.75	
交流合作平均	无	67	3.5716	2.7	4.9	0.015
	校级	33	3.6242	3.2	4.7	
	市级	30	3.7333	3.3	4.9	
	省级	63	3.7222	2.7	5	
	国家级	7	3.6857	3.4	4.9	
评价能力平均	无	67	3.8859	3.57	4.86	0.005
	校级	33	3.9242	3.71	4.86	
	市级	30	3.9	3.71	4.71	
	省级	63	3.9127	3.71	4.86	
	国家级	7	3.8469	3.57	4.71	
教学观念平均	无	67	3.8474	3.18	4.82	0.033
	校级	33	3.8251	3.45	4.82	
	市级	30	3.9515	3.91	4.82	
	省级	63	3.9358	3.09	4.82	
	国家级	7	3.7597	3.18	4.82	

第三节 体育教师教学学术能力发展的现实困境

　　通过问卷调查分析，结合专家访谈的内容，我们对高校体育教师教学学术能力现状有了进一步的了解。根据高校体育教师教学学术能力现状和现实中的发展困境，主要从教学观念、教学反思、交流合作和评价能力四个方面更为具体地分析高校体育教师教学学术能力发展过程中的问题。

一、教学改革研究投入力度不够

教学改革是对教学内容、方法、手段等进行优化改革。受传统教育理念的制约和传统培养模式的惯性约束，过去以体育教师为主，体育教师教什么，学生就学什么，这使得体育教师将自主安排教学变成一种习惯，在人才培养的理念、目标和考核评价等方面形成了一种固有的思维模式。通过问卷调查数据显示，16.5%的高校体育教师近三年未外出学习过，37%的高校体育教师近三年外出学习1~2次。由此可以明显地看出，高校体育教师接触外界新思想的机会较少，教学内容与模式亘古不变。另外，还可以看出目前仍有40.5%的体育教师认为体育教学应以体育教师为中心，在体育教学中忽略学生的学习需要。因此，改革高校体育教学上存在的各种问题，首要任务是改革高校体育教师的发展观念，尤其是改革窄化的学术理念对高校体育教师发展的误导。赫钦斯、休伯和西科恩认为教学学术对改革高校体育教师教学研究具有一定的重要性，教学学术强调的探究既体现在学术工作中，又体现在教学工作中。大多数体育教师处在科研和教学的多重压力下，不愿费时费力地去突破固有的思维模式进行改革，对于教学工作，只要不出事、学校不批评，便万事大吉。而现有的改革多为带有功利性完成任务式地对教学内容和方法的简单调整，这使教学改革工作难以进行，对教学改革的投入远远不足，成为阻碍高校体育教师教学学术能力发展的又一困境。

二、教学研究与学术研究的分离

周志宏曾说教学就是将探究结果分享出去，而学术则是将教学成果变成文本知识发表出去。但在不同学校类型中，学术研究与教学研究是相分离的，从表5-9中可以看出在教学观念和教学反思维度中，研究型>研究教学型>教学研究型>教学型>应用型，说明目前研究型大学依旧占据主导地位。研究型大学的体育教师主要是从事科学研究，与体育教学关联少。通过问卷调查结果可以看出，67%的高校重视科研，33%的高校重视教学，因此可以看出学术研究与教学研究仍然是分离的。目前我国对于体育教学的研究较少，专门从事体育教学的体育教师认为写论文很难，没有素材，做研究的体育教师虽然会写论文，但是与体育教学联系不紧密，容易导致写的内容很空泛。在实际的体育教学中，高校体育教师忽视了体育教学研究与学术研究的共融并存，学术研究和教学研究的差距明显，导致两者分离。如果在一段关系中，一方发展过快、地位很高，另一方原地踏步甚至后退、地位很低，那么二者的发展注定不平衡。因此，如何解决学术与教学的尴尬关系成了目前高校体育教师教学学术发展的难点。

三、考核评价制度的重科研与轻教学

在目前的考评制度中，科研能力被过于强调和放大，高校体育教师的教学付出被轻视和边缘化。而制定高校体育教师考核评价制度的初衷是通过对体育教师的工作情况和业绩进行考评，帮助体育教师认识自身的不足，并促进其体育教学能力的发展。调研数据显示52.5%的高校体育教师完全赞同体育教师评价制度应进一步完善，说明学校对于体育教师的真正需求了解得并不完整，制定的考评制度未能体现体育教师的价值和学术水平，对于提高高校体育教师的学术积极性，并未有显著的变化。在与熊教授的访谈中，他提到"作为高校体育教师来说，日常工作量比较大，特别是教学、训练和课外活动的组织都占用了体育教师大量的时间，做学术是需要时间的，那么势必导致这两方面存在一些冲突"。当前高校体育教学评价多忽视了体育教师教学需求和工作的投入度，在这种重科研、轻教学的考评导向下，容易使高校体育教师产生消极的教学学术态度，高校体育教师教学学术能力的发展就更无从谈起了。相反，部分体育教师无心科研，认为体育教学才是唯一的工作，因此这种考核评价制度的"重科研、轻教学"倾向对高校体育教师教学学术能力的提高产生了极大的消极影响。

四、教育教学知识结构的失衡

教育教学知识结构被认为是关于如何教某一具体学科内容的知识，是体育教师所拥有的一类特殊知识结构。李教授说："目前许多高校体育教师的教育理论与教学实践相脱节，不可否认，在自己的领域里，体育教师的专业能力很强，大多数高校体育教师已取得相应学科的硕士或博士学位。但是通过有效体育教学的实施，了解教育学等知识，可以巩固自身的教育教学知识，目前许多体育教师的教学主要依靠经验式教学。"我们经过分析可得出，高校体育教师一般关注了解本学科的实时问题，而忽略理论层面的知识积累，对前沿教育的思想理论缺乏关注。这说明高校体育教师知识结构出现偏斜，教育理论水平偏低。由于高等教育大众化，高校的师资队伍中涌现了一批年轻的博士，主要为了培养的博士拥有专业的理论体系以及先

进的研究能力。因此，虽然高校体育教师拥有系统的体育专业知识，但是缺乏教育理论知识，导致教育教学知识结构失衡。

五、教学反思与交流合作有待加强

从问卷统计的结果中可以看出，21%的高校体育教师近三年未参加教学学术会议，38%的高校体育教师近三年来参加教学学术会议1~2次，65%的体育教师每月参加学校组织的教学研讨会频率较低，仅16%的高校体育教师参加研讨会的频率达到每月5次以上。这说明高校体育教师的教学学术反思向高层次发展方面相对较弱，体育教学研究的参与度不高，高校体育教师参与体育教学研究的程度并不理想。体育教师在教学过程中只进行片面的反思，脱离了学生群体，主观意识占据主导，以体育教师的主观意识进行反思，容易导致忽视学生本身的需求。调查数据显示，样本数据中有40%的体育教师很少在学术期刊上发表学术成果，表明体育教师教学反思的文本成果较少。事实上，体育教学学术也具有文本性特征。"学术与教学是体育教师的必备的基本技能，学术与教学本身并不矛盾，是教学相长。学术促进体育教师的体育教学能力，拓展了体育教师的知识面，同时学术与教学都是相通的"。通过调查问卷可知，虽然高校的体育教师每年都会参加"教学研讨会"这类活动，但仅仅是优秀的高校体育教师进行成果展示、分享经验，对于高校体育教师来说作用不明显，近乎一半高校体育教师很少与同行、同事交流体育教学，所以，高校体育教师教学反思与交流合作有待加强。

第四节 影响体育教师教学学术能力的因素探析

高校体育教师教学学术能力的形成是在一定的社会环境和学校制度以及体育教师自身专业素质等诸多因素的影响下相互促进、相互协调发展的过程。因此，在分析高校体育教师教学学术能力的现实困境的基础上，从社会、制度、学校和体育教师四个层面深入分析高校体育教师教学学术能力的影响因素。

一、社会因素

（一）传统教学观和学术观的分歧

传统学术观是指渊博的知识，也是知识的形而上学，依据知识等级划分的结果。受形而上学知识型的影响，高深学问的范畴集中于形而上理论，它的特征是脱离实际的。凭借渊博的知识作为专项基础的活动便是传统的学术，相应的概念则为传统学术观。但是，高校体育教学与科学知识的契合度较低，因此它的学术性无法体现出来或表现程度较低。然而，一直以来传统的学术研究和教学相排斥，遏制体育教师从事教学研究的欲望，因此高校体育教学位于高校各工作的边缘。随着时代的发展，体育教师了解到有必要学习研究体育教学。但由于传统学术观和教学观的不融合以及强大的惯性力量，使它不会有一个非常强烈的动机将此事完成。高校体育教学知识具有很强的实践性，与形而上学的渊博知识的配合度非常低。经过与专家的访谈，笔者了解到为什么研究者及高校体育教师将教学学术置于学术或教学的范畴中加以解读，归根结底与他们对教学及学术的理解有不可分割的关系，因此，可以说不同学者所持有的教学观与学术观影响了他们对教学学术的认识与解读。受新思想的影响，高校体育教师看到了体育教学的学术性，认为有必要对高校体育教学进行研究。但传统观念却对此做出稀释，导致传统教学与学术观产生差异，从而变成影响高校体育教师教学学术能力的社会因素之一。

（二）传统学术观念的错误导向

通过对熊教授和张教授的采访可知，旧思想以及传统的学术观念会阻碍创新的思想理论的发展，传统学术观念认为学术就是拥有深厚的、渊博的专业知识，学术＝科学研究，因此忽略了教学。他们觉得学术和教学二者是相对独立的，因此导致教学与学术产生矛盾。传统的学术观认为学术就是对理论知识进行研究，并未结合高校体育教学中存在的问题进行研究，从而导致学术仅仅是学术，与现实问题毫无关联，这样的学术是没有灵魂的，不切实际的，也无法解决问题。而传统的学术观点使高校体育教师的发展受到局限，导致其在体育教学过程中无法良好地运用学术。

（三）体育教学学术观念有待进一步树立

体育教学学术观念是通过体育教学的形式表现出来的，这需要高校体育教师具备广泛的知识，在此基础上产生对体育课有真正洞察能力的学科教学。高校体育教师对教学不重视，体育教学通常被认为是日复一日的体力劳动，没有了追求目标，失去了个人的价值；认为体育教学是没有意义的科研内容，甚至可能拖累科研，完全忽视了高校体育教学学术的优点，对其发展产生了巨大冲击。在与多位专家教授访谈时，他们都谈到目前"体育教学学术"这一观念仅对于教学任务不繁重以及有兴趣进行研究的人才有作用，其他体育教师对于参与这一研究持观望或者反对的态度，不太愿意迈出舒适的圈子，并且表示这一新观念的提出毫无意义，对于体育教学学术所强调的对体育教学的重视与研究，现在学校与体育教师已经在进行研究，通过开展体育教学研究活动就可以达到相同的目的，提"体育教学学术"这一概念无非新瓶装旧酒。李教授认为自己是偏向高校体育教学的，对体育教学学术了解得也不全面，如果这一概念真正普及后，必然会对某一方面产生冲击，带来的是机遇还是挑战，结果很难预料。许多高校体育教师掌握的技能是通过以前自己的教师上传下、前传后的方式，并未经历一个体育教学的研究过程。这种片面的认知，必定成为严重制约高校体育教师提高教学水平的重要因素。所以要想改变当前高校体育教师轻视教学、忽视教学研究的现状，高校体育教师就必须进一步树立体育教学学术观念。

二、制度因素

（一）体育教学知识的自主构建及培训制度匮乏

随着教育改革的不断深化，体育教学的方式和方法发生了很大的变化，在构建知识体系的过程中完善体育教学已成为工作的重要内容。但高校体育教学管理制度通常会对体育教师的上课内容有所规定与限制，而这些制度的限制使体育教师无法进行教学知识的自主构建。一个体育教师对教学知识的构建，需要对教学内容进行反思创新、深入研究等，这就意味着需要漫长的研究过程，而教学研究和反思创新等都属于教学学术的特性。从表5-7中可以看出，198名高校体育教师都曾进行教师岗前培训，但多以专注于理论知识的培训，缺乏培训体系，无法满足体育教师日益增长的有关教学学术的现实性需求。在教学培训的内容上，教育理论与学科知识理论没有高度融合，缺少应有的广度和深度，培训制度匮乏。虽然每年接受教学培训的教师有很多，但是各自专业不一，教学培训内容满足不了学科性特点，相当一部分体育教师想研究教学却不知道该如何研究教学，对教学也是知其然而不知其所以然。体育教学知识的自主构建是体育教师进行研究的重要手段，掌握好方法会产生事半功倍的效果，所以加强对体育教学知识的自主构建及培训制度建设是重要且迫切的，只有这样，才能进一步提高高校体育教师的教学学术水平。

（二）体育教学学术评价难以实现操作化

体育教师教学学术评价是以评估高校体育教师教学为主，对教学的各个方面，包括教学内容、效果等进行评价。高校体育教师在评定职称或者科研成果时得到的回报甚少，让他们觉得就算体育教学水平再高，地位永远也比不上专攻科研的体育教师。虽然高校体育教师从事其他工作任务时可以得到一时的荣誉，但是缺乏外部的激励，长此以往就会怠慢他们的本职工作，对体育教学工作产生抵触情绪，体育教学学术的积极性也会减弱，最后想尽一切办法离开体育教学岗位。目前不是开展高校体育教师教学学术的好时机，因为没有一个完美的评价标准评定体育教学学术。如何与现有的评价机制进行对接也是一大难题，既要考虑到高校体育教师的科研水平，又不能忽略体育教师的教学水平。陈教授说，高校体育教师是唯职称至上的，没有职称寸步难行，职称的评定又需要科研，那些需要科研成果的教师对体育教学并没有太多要求，放羊式教学也成为普遍的体育教学方式，因此更难制定适合高校体育教学学术评价的标准，因此要将高校体育教学学术评价作为一种监督机制，促进体育教学学术在学术评价系统里摆脱边缘化，只有这样，才能恢复到它应有的位置，并在教学反思、成果等相关方面建立合理的评价标准，才能引导高校体育教师扎实地发展教学学术能力。

（三）激励制度中缺失体育教学学术要求

激励制度就是在尊重高校体育教师主体性的基础上，利用外部诱因来满足其正当需要，从而推进体育教师的积极行为。目前与各高校体育教师密切相关的各类评价标准中都缺乏体育教学学术的要求，这说明了什么？在薪资条件、教学学术权力与地位等方面达不到相应的标准，该激励制度不利于体育教学学术的发展。在现有的评价中可以看到着重突出科研，弱化体育教学，部分高校开展的体育教学活动已经变味，不是以提升自己的专业素养为目标，而是完成任务时的参与，严重缺乏体育教学学术的要求。目前，高校体育教师不愿意将精力付诸体育教学学术研究中，一个重要的原因是高校能够提供的体育教学学术资源太少，体育教师的激励制度不完善，许多体育教师本身的专业能力很强，但是在学术方面较弱，所以导致在导师晋升上，体育教师即使成为硕士研究生导师，也无法因为优秀的教学成果而晋升博士研究生导师。这种制度直接影响了体育教师的教学积极性。其实，不论教学研究还是学术研究，对于学校的贡献是等价的，都为学校获得了荣誉。因此，在从事体育教学或者研究过程中，我们必然会遇到无法两全的情况，我们要正视这个问题，加大体育教学学术成果的投入，调整体育教师教学学术在激励制度中的比重。

三、学校因素

（一）学校管理者"重科研、轻教学"

通过对高校体育教育方面的专家进行访谈，了解到高校管理者对体育教师教学学术并不十分重视，在国家的教育财政中经费与科研项目等学术资源的汲取也是相当有限的，体育教学没有科研工作的含金量，不能体现个人的价值，这是许多高校体育教师共同的难题。体育任课教师其实工作任务繁重，没有多余的精力进行研究创作，就其本质而言是高校的人力资源分布不均造成的。通过访谈得知，学校管理者为了减少支出，行政岗位减少，许多体育教师还会兼任辅导员等岗位的工作，导致体育教师的工作内容更加繁多。学校管理者的态度决定体育教学学术是否能拥有与学术一样的地位，但高校体育教师在体育教学学术评价中享受不到成功带来的喜悦感，以至于在体育教学中遇到问题时不会选择继续研究，而是选择放弃，并逐步削弱了高校体育教师对教学学术发展的动力或希望。因此，学校管理者的重科研、轻教学的行为严重影响了高校体育教学质量和教学学术能力的提升。

（二）体育教研室教研职能定位模糊

高校教研室是依据 1950 年的苏联对当时的学科特点所设定的研究单位，他们的日常职务是研究教学与课程，其中高校体育教研室在教研室成立之际就已存在但职能模糊。体育教研室正式成立后，体育教研室所履行的职能用熊教授的话来说就是高校体育教研室的管理和研究的职能是相互矛盾和冲突的，管理有约束、规范，带有行政指令性，研究却又追求思想自由，这样使得体育教研室的职能相互矛盾，给工作带来了很大的困惑。而且高校体育教研室被看作"中间人"，负责传递领导安排的各项任务，无法兼顾自己的本职工作。体育教研室的职能与其他部门的职能出现交叉现象，工作边界理不清楚，分不清楚主次关系，这些都造成了工作的困惑。高校体育教学学术的发展需要依托体育教研室来实现，体育教研室是高校体育教学学术的载体。体育教研活动是促进高校体育教师教学学术进步最快、效果最好的活动方式，由于对体育教研室职能的看法存在不同的观点和争议，体育教研室所发挥的作用是可有可无还是不可取代？体育教研室的力量是要削弱，还是要加强？种种争议只能说明一个问题，很多人至今依然对于体育教研室的职能模糊不清。由此可见，高校体育教研室职能有清晰界定的必要性和重要性，这个问题不解决，将严重影响到高校体育教师教学学术能力的发展。

（三）体育教学学术平台相对狭窄

体育教学学术平台是高校体育教师分享交流教学学术成果的一个场所。目前高校体育教学学术平台相对狭窄，高校体育教师无法通过有效的渠道进行深入了解体育教学学术、改进体育教学的方法，对于在体育教学中出现的问题也无法顺利解决，以及如何分享教学学术成果。只有通过平台沟通与合作，被其他教育工作者认可，同行评审后才能实现真正意义上的教学学术交流。扩大高校体育教学学术平台，一方面能促进体育教师对教学方法、成果进行零距离的交流、共享，以此来激励体育教师自身反思、改进教学，提高教师工作的积极性；另一方面可以促使其他教师之间的教学成果互相借鉴、提高，提升组织凝聚力，以此来提升高校竞争力。反之，狭窄的高校体育教学学术平台阻碍了体育教师与同行的沟通，每个体育教师擅长的专项都不一样，感兴趣的内容也各不相同，有的对于体育人文、运动人体等学科内容特别专业，他们各自有各自交流平台，但是很少相互交流意见，无法形成一个综合的、系统的、能够跨学科的交流的平台。事实上，在实际教学中没有合适的体育教学学术平台，异化的高校体育教学学术的沟通交流职能也被削弱，使体育教学学术成果得不到展示与交流，更无法反哺体育教学实践，使高校体育教学学术失去原有的价值。

（四）体育教学学术活动支持的针对性不强

高校体育教师教学学术必须注重针对性，如果缺乏针对体育教学学术专业的指导以及相关的培训，体育教师就有可能会因为自身能力不足、理论水平跟不上等原因而滞后对体育教学的研究。由于缺乏针对性的参与活动，在高校体育教学学术活动中很可能使体育教师漫无目的、没有目标地参与此活动，达不到理想的效果。但是高校对于"体育教学学术"这一观念仍存在偏颇，导致体育教师对这一思想有所抵触。熊教授在接受访谈时说："对没有体育类的学校来说，很难实现体育教学学术的发展，一是没有这方面的经费，二是没有这方面的条件，学校会觉得对这部分进行投入得到的回报比较少。"此外，对该活动经费投入不足以及未提供体育教学学术的平台，都会阻碍体育教学学术的发展，而高校体育教师教学学术的发展离不开学校的支持，通过对该活动的支持，使体育教学的地位稳步上升，体育教师的教学学术水平从根本上达到质的飞跃。但由于学校对体育教学学术活动支持的针对性不强，使高校对体育教学学术的认识并不全面，导致体育教师逐渐失望，看不到体育教学学术的未来，学校对该活动的扶持力度不如学术的扶持力度，这样做的结果将严重损害体育教学学术活动的利益，使该活动的发展停滞不前，影响高校体育教师教学学术能力的提升，不利于体育教学和体育教学学术的发展。

1. 对教学学术缺乏科学的认识

对于"教学学术缺乏科学的认识"这一特点在实际的访谈过程中尤为突出，陈教授提出，"就我而言，我认为我们的主要任务是体育教学，研究这类的工作，我们没有过多的时间和精力。对于我来说，我不太会去做这方面的事情，因为这不是我擅长的领域"。有的体育教师目的不纯，为了研究而研究，做研究就意味着有项目，有项目就意味着有经费，对于这些体育教师来说，体育教学学术就变得不纯粹，变得带有目的性了。甚至有体育教师提到，"你可以去看那些做体育教学学术的人的背景，很可能是时间较多，或者专门从事科研的体育教师，相反注重教学的体育教师就很少进行教学学术，他们没有多余的空闲时间以及精力，但只要有时间，还是可以进行体育教学学术研究的"。高校体育教学经常被认为是经验性劳动缺乏学术性，对体育教学学术缺乏科学的认识。实际上，这也是高校体育教师对这一概念的错误认识，凭借经验进行的体育教学学术是闭门造车，缺乏科学的指导，使体育教学学术向错误的方向前行。所以，体育教师本身不了解该概念，或者通过其他教育工作者的描述，从而对体育教学学术缺乏科学认识。因此，需要让更多的体育教师正确地理解、认识体育教学学术，从而促进体育教师在体育教学中生成有关体育教学的知识，并将其分享至更广的范围。

2. 体育学科教育教学专业性相对缺失

体育学科教育教学专业性是指体育教师通过学习教育教学类知识而展现出来的专业素养。通常在日常体育教学时并不重视学科的教育教学知识，因此，不可能通过写体育教学反思来全面评价一名体育教师的体育教学学术水平，从中仅能看出高校体育教师的技能水平，无法推断出是否掌握扎实的教育性理论。为什么会导致这种现象出现？从与专家的访谈中可知，因为各高校对于体育教师的要求不一样，不需要其掌握此类的知识理论，也未提供相应的条件，所以也就导致体育教师对此并不上心，以至于在进行体育教学学术研究时，产生心有余而力不足的感觉。另外，也有教授认为体育教学学术应该是由专门研究学术的体育教师负责，并不是属于自身应该承担的工作，自己只负责"教学"这一方面。对于学科教育教学知识也了解甚少，专业性不强，这样就使他们把自己视为体育教学学术的局外人，很少开展学习。作为一名高校体育教师，具备学科教育教学知识是他们的基本素质，而不是墨守成规。以前有学者认为部分问题仅仅属于教育学学者的研究领域，但在当下这些正在成为所有高校体育教师共同关注的领域。因此，我们应鼓励更多的高校体育教师提高对体育学科教育教学的专业性，在深入体育教学过程中开展体育教学研究，提供更加鲜活且丰富的理论知识，同时促进高校体育教师的专业化发展。

3. 教学学术能力存在明显不足

高校体育教师除了对教学学术缺乏科学的认识以及对体育学科教育教学专业性相对缺失以外，还存在体育教学学术能力的不足，主要表现在深入认识教学的能力不高。一些高校体育教师不能深入、透彻地认识教学，一是他们不知道从哪些方面、什么角度去认识体育教学，因而对体育教学认识和理解能力处在较低的水平上；二是他们忽视甚至否认高校体育教学也属于学术，觉得体育教学只是实践性活动，没有必要进行研究。高校体育教师教学知识储备欠缺、知识结构失衡，主要是由于现状大环境的影响，高校招收的体育教师都是以博士生为主，而博士研究生的"教学"这一块相对较为薄弱，对所教学科知识内容基本熟悉，但自身教育专业性较弱，很多博士生只能上理论课，对于专业课则表示无能为力，展示教学能力的水平不足；还有一部分体育教师属于专业技能好，教育理论知识差，这也导致了高校的教学与学术脱轨。因此在体育教学过程中，由于教学学术能力存在明显的不足，严重影响了高校体育教学的开展。

4. 体育教师教学反思与交流互助有限

高校体育教师作为教学的主导，更应时时反思、精进体育教学。体育教师的教学反思有其哲学、教育学、心理学、伦理学基础，也是高校体育教师教学学术的起点和阶梯，如果一个体育教师仅仅满足于获得经验而不对经验进行深入思考与交流，即使有多年的教学经验，也只是工作年复一年的简单重复。在目前高校体育教学中教学反思彰显程度不够，体育教师的教学大多处于无意识、经验性状态下，鲜有体育教师进行教学研究，即使有个别教师对教学进行了研究，也很少找到适合发表的刊物和渠道。除了师生课堂上的交流，体育教师之间的交流也是体育教学成为学术的关键环节，这种交流可以是体育教师之间非公开的私人化交流，或是其他学院、其他部门之间的固定沟通。如果不经常与优秀的体育教师进行教学学术成果的交流，那么体育教师自身也无法获得进步。目前，高校体育教师的教学基本处于隔离状态，只是体育教师的私人活动，体育教师没有将体育教学视为"共同财富"而分享的习惯，而是保持着一种封闭状态。所以，体育教师交流与反思不足也会阻碍发展体育教师教学学术能力发展。

第五节　体育教师教学学术能力提升的具体策略

影响高校体育教师教学学术能力提升的策略研究可以从学校、体育教师及制度等方面考虑。本书是从体育教师自身能力层面出发，结合体育教师教学学术能力构成及发展的趋势，切实提出四点策略来提升高校体育教师的教学学术能力。下面将详细地对这四点提升策略展开论述。

一、认识深化策略

（一）重塑体育教师学术观和教学观

受到传统的学术观与教学观的影响，导致部分高校体育教师轻视教学并一味地追求科研成果论文的数量，使教学与科研成为一种矛盾关系，而不是相互促进的关系。传统的学术观与教学观有其自身发展的局限性，它们的诞生也是在一定的文化环境中，随着时代的变化以及高校体育教育教学的不断变革，高校体育教师的学术观和教学观亟待革新。高校体育教学学术的提出，对于丰富和拓展学术观与教学观具有革命性的意义。关注新的学术观和体育教学观念，时刻更新和发展旧的学术观与体育教育教学观念，亦是高校体育教师教学学术能力的体现与存在方式。新旧观念的交替，让高校体育教师看到了希望，拥有了实现人生价值的舞台，提供了对高校体育教师的关心和探索自己的教学实践新范式。重塑学术观与教学观有利于引导和激励高校体育教师改善体育教学的要求，并对体育教学实践中的各种影响与知识传播效果的问题或因素给予有效的关怀。在体育教学实践中展开研究，在研究中改善体育教学，以实现高校体育教学质量的持续动态提升进一步促进高校体育教师教学学术能力的提高。

（二）为体育教师提供教学学术指引

目前国内的体育教学方式是以体育教师讲课为主，这样枯燥无味的课堂教学模式造成学生被动学习，教师也会产生疲劳的感觉，因此以体育教师为主导、学生为主体的教学模式亟待革新。在传统的教学模式影响下以及传统学术观念的根深蒂固，学校对体育教学研究并未形成足够的认识，导致一直没有给予体育教学学术对等的地位，高校应引导体育教师了解"什么是教学学术"、深刻认识体育教学学术，并指导体育教师适应新的教学理念。体育教师一旦适应且认同体育教学的学术概念，便会用实际行动表现出来，通过高校体育教学学术的氛围，基于体育教学学术理论，指引高校体育教师完善教育教学理论体系。在进行体育教学时，可能会因为学校对体育教学学术的限制和氛围的不浓厚，以及对不同学科的熟悉程度，使高校体育教师对于该概念的看法有所不同。所以为体育教师提供教学学术的指引，可以促使高校体育教师的教学表现出较强的创造性和学术性，并正确地认识体育教学学术。

（三）应当营造崇尚体育教学学术的氛围

高校体育教师受外在大环境的影响，无法专心进行学术创作，这就需要高校专门搭建一个展示的舞台，营造崇尚体育教学的学术氛围，使高校体育教师能保持愉悦的状态，让每个体育教师都崇尚体育教学学术。高校应为体育教师着想，充分调动体育教师的教学热情和积极性，同时营造高校重视体育教学学术的氛围，从外部保障方面让高校体育教师无后顾之忧。树立体育教学工作的中心地位意识，确保教学学术能力发展具有动态稳定性，其长期的发展过程必然离不开体育教师的创新和努力，为了尽可能地推动高校体育教师积极研究教学，以及与他人进行教学交流，需更换之前严格的管理方法，以赋予高校体育教师一定的教学自主权，为高校体育教师提高更多的学习和培训机会。大环境影响下，需多鼓励高校体育教师从不同视野主动思考探究体育教学，将自己的内心想法与同行交流，不仅可以为体育研究开辟新的境界，还有助于看清当今体育存在的盲区。这一新的视野也必将在体育研究中产生新的话题，形成新的范畴，解决新的问题。同时对一些知识进行合理整合，用适应学生的方法教给学生，以此营造崇尚体育教学学术的氛围，达到提升教学学术能力的目的。

（四）体育教师应重视自身教学学术能力的提升

一个专业基础扎实、具有丰富体育教育教学知识的体育教师对于自身教学学术能力发展而言至关重要，可使体育教师对于学科知识以及体育教育教学知识有更进一步的认识和理解，有助于体育教学学术研究的开展。体育教师在扎实的专业知识能力基础上，不断对自己遇到的问题进行研究反思。另外，体育教师具有扎实的体育专业知识，对所教授的知识内容便会很熟悉，有利于提升高校的体育教学质量，更能在体育活动中灵活运用体育教育理论知识。体育教师需经常与同行进行交流探讨，一方面可以及时发现体育教学中存在的问题，另一方面可以让其他教育工作者避免出现相同的情况。因此，需要高校体育教师关注体育教学的本身，并且时刻注重反思的过程。大部分高校体育教师经历过研究生阶段的学习、博士阶段的深造甚至博士后阶段的训练，所以基本上具备了学术研究能力。但是，高校的体育教师容易忽略自己关于体育教学学术中的反思能力，只是了解了一些表面的内容，要想对体育教学学术深入认识，这就需要提高自己本身的反思研究能力和基本素养。因此，体育教师应该将自己具备的反思探究能力及素养运用到体育教学中去，在体育教学过程中注重反思，提升自身教学学术能力，才能促进高校体育教师的教学学术能力。

二、知识拓展策略

（一）组建体育教师专业学习共同体

"学习共同体"是指由学习者及其辅助教师、专家等共同构成，通过资源的共享，众人合作完成某一特定任务，并互相成就的一个团体。高校体育教师专业学习共同体则是指体育教师与同行以及专家共同构成的团体，为了使体育教师快速变强，以互动性学习理念为主，经大家探讨学习，互相进步的团体。在传统体育教学中，教师、学生同时在一间教室中参与教学活动，彼此之间可以很容易进行面对面的交流，可以自然而然地形成一定的学习共同体。但高校体育教学的活动是多变的、特别的和烦琐的，单靠个体无法产生新的火花，因此，建设学习社区，提供敞亮干净的合作教学学术的沟通平台，将于无形中促进高校体育教师之间形成"同成长、共发展"的氛围。高校体育教师可以尽情地同优秀教师探究，无私地共享教育资源，互相发展，这也成为高校体育教师自由沟通的活动成果，每位体育教师依托专业学习共同体，可以获得更全面的知识体验。所以，构建体育教师专业学习共同体是对高校体育教师教学学术意愿的激发、对教学学术素养与潜能的挖掘以及对全身心投入教学实践的激励。

（二）拓宽体育教师教育教学培训内容

据了解，首先高校体育教师教育教学培训的内容比较单一，仅仅是对如何教学以及如何与学生相处等内容进行培训，并未对教育教学内容进行深入的培训，有的甚至只是走走过场，使各高校体育教师对教育教学内容了解甚少，在正式进入岗位后难以进入教师角色。其实，高校体育教师教育教学培训内容应当增加教育教学的相关知识理论，包括心理学等知识，以便体育教师在进入该职位后可以迅速适应身份的转变，因此，高校体育教师需熟悉学科的专业知识和相关学科的教学知识。换句话说，在教育教学培训中，体育教师除了要不断学习该学科的专业知识外，还需要学习与教育教学有关的理论知识。高校体育教师的教学学术必须注重目的性、针对性、系统性，如果缺乏针对教学学术专业有关的课程，高校体育教师有可能会因为能力和理论层次低而处于落后地位。知识在不断更新和变化，要想高校体育教师教学学术理念得到理解与发展，只能经过不断更新观念、学习新知识、熟悉掌握本专业知识、拓宽体育教师教育教学培训内容、丰富体育教师教育教学知识，使高校体育教师树立终身学习的观念，才能促进高校体育教师教学学术能力的发展。

（三）丰富体育教师教育教学培训形式

一个具有渊博的教育教学专业知识的体育教师对自身发展非常关键。高校体育教师高学历不等于高教学水平的现实也证明，专业发展和教学发展的平衡不仅要实现学科专业知识和能力的提升与发展，还要加强教育教学知识的丰富和完善，达到二者的有效融合。通常融合后带来的可能是需要不断地磨合，丰富高校体育教师教学的培训形式，争取带来更好的效果。如果培训形式过于局限，容易使体育教师形成固定思维，认为优秀的教学经验就是好的，就是适合于自己的教学经验。这时在培训内容上也需要有所变化，增添契合体育教学的学术内容，提升教育教学的理论高度，从而更好地指导和参与自身教学实践。同时，还要满足高校体育教师多元化需求，以及符合自身发展的特色条件，举办高校体育教学研讨会、与其他教育工作者共同评审等更专业化的培训形式，希望提升改善高校体育教师的教学实践与传播教育教学知识。为什么如此重视培训形式？这是为了经过系统专业的培训后，鼓励高校体育教师自主研究体育教学学术，激发体育教师开展教学实践的积极性和主动性，从而促进高校体育教师教学学术能力的发展。

（四）关注体育教学学术前沿问题研究

体育教学学术前沿问题是指世界体育教学学术领域目前研究的热点问题和今后的研究方向。由于体育教学学术思想与已有的学术观、教学观有所差距，学术界乃至一线的高等教育管理者和高校体育教师对它难以接受。另外，就体育教学学术自身的理论领域来说，需要不断关注体育教学学术的前沿问题，并对目前存在的教学问题以及今后的研究方向进行深入的探讨。从现有的研究成果来看，虽然对体育教学学术的研究小有成效，但是由于内涵、构成和标准等还存在些许争论，对这些基本理论问题仍需进行深入的探究。因此，高校体育教师应注重体育教学学术的前沿问题，查阅相关资料。体育教师提升教学学术素养时，拥有牢固的专业知识能力以及教育教学理论知识，可以极大地推动体育教学学术研究。高校体育教师学科专业知识的积累与发展需要时刻关注体育教学学术的前沿热点问题，这样才能不断更新和丰富自己的学科专业知识。多年以来，一些高校体育教师的课堂内容、教学方法以及教学计划都没有变化，也没有与时俱进，所以导致所学的专业学科知识与能力以及体育教学学术能力慢慢衰退。体育教学学术得不到更新与丰富，又何来高水平的体育教学。因此，关注体育教师教学学术前沿问题有利于高校体育教师教学学术能力的发展与提高，进一步促进高校体育教师教学学术素养的完善。

三、组织支持策略

（一）强化体育教研室的学术职能

对于体育教研室的定义，体育教研室是按照体育的各个专业或课程设置的教学研究组织，即体育教学在院系中的核心地位，获得深入发展的不仅与体育教师本身的专业技能有关，还与体育教研室对于教学问题的集体研究密不可分。而体育教研室的学术职能是指完成学校的科研任务，经常组织学术活动等，高校体育教师教学学术教研室的成立其实就是给予体育教师成长的空间，也是让体育教师将这种内在的教学需要进行释放并得以共享的舞台。高校体育教研室是一种知识群落，知识具有互动性和交流性，"高校体育教师"这个群体在一个动态的环境中更容易获得体育教学研究灵感，推进其进行发展。作为体育管理机构的最底层，必须加强其学术性，虽然高校体育教研室的工作职能开始是负责研究体育教学，但实际只是"中间人"，专门完成学校布置的各项工作任务，有充足时间进行研究的体育教师并不多。因此，它无法完美地处理高校体育教师碰到的情况。这就需要强化体育教研室的学术职能，使体育教师的体育教学观念以及知识技能全面提高，通过体育教学研究部门的性质来提供给高校体育教师深入交谈的机会，增强体育教师的反思能力，才能提高高校体育教师教学学术能力。

（二）培育体育教师教学学术共同体

高校体育教师教学学术共同体的培育有利于打破学科、院系之间的壁垒，体育教师教学学术要获得认可并走向制度化，变成影响高校体育教师发展的专业基础，需要依靠共同体的建设。因此，高校应以教研室、实验室等为基础，构建体育教师教学学术共同体。换个方向来看，体育教研室、实验室实际上是高校体育教师教学学术共同体的初始形式。同时还应注重跨学科创办高校体育教师教学学术学会或期刊、开展学术研讨会等形式，为高校体育教师提供展现体育教学研究成果、交流体育教学思想的机会，促进体育教学公共性的提升，使体育教学真正成为一种"公共财富"。这就赋予了体育教学全新的内涵与生命意义，在体育教学与科研的鸿沟之间架起了一座融通的桥梁，缓解体育教学与科研的对立与矛盾状态，因此培育体育教师教学学术共同体，鼓励体育教师反思性教学，从而提升高校体育教师教学学术水平。

（三）搭建体育教学学术成果的展示平台

由于当前高校进行探索开发网上课程，传统的体育教学方式也发生了变化，搭建体育教学学术成果的展示平台也变得更加刻不容缓。学校应该致力于为体育教师教学搭建更大的展示平台，当前缺少合适的途径将教学学术成果分享至更多的同行，旨在教学学术上有所发展的体育教师也难以获得有价值的参考资料。因此，学校应该为体育教师搭建更广阔的体育教学学术分享与传播平台。许多高校都有开展网上公开课，使其能够学习的资源越来越多，并且容易接触到。随着大数据时代的到来，高校体育教师必须适应新的学习方法，建立符合时代进步需要的学习方法。高校通过利用"大数据"这类数字科技，更容易展示体育教学学术成果，让越来越多的同行学习优异的成果。构建高校体育教师教学成果展示平台，促进高校体育教师记录自己的成长历程，让其看到自身的进步，能够增强体育教师教学的成功体验，增强他们投入体育教学中的内在动机。此外，高校的出版社，包括校刊校网等资源平台都可为体育教师开辟专门的体育教学学术专栏，帮助校内的体育教师分享并学习体育教学学术成果，同时可充分利用现代教育技术，共享高校体育教学学术资源。

（四）开展基于教学学术能力的体育教研活动

体育教研活动是指体育教师把教学过程中碰到的问题和困难进行探讨研究的过程。有效的体育教研活动在体育教学实践中可以做到事半功倍，实现有效合作，了解学习学科前沿知识，提高课堂效益。大部分体育教师最缺乏的则是将理念转化为行为的方法和策略，基于体育教师教学学术能力，开展体育教学研究活动时，体育教师将会在特定的教学实践中发现问题，以协助体育教师解决问题。要想解决体育教学的学术问题，有必要开展体育教研活动，让高校体育教师通过向有经验的体育教师取经的方式来学习如何教学，清晰准确地界定问题。通过反思教学，开展基于高校体育教师教学学术能力的体育教研活动意味着将体育教学实践和科学研究进行整合，并在其中产生学术性成果，这是一个由体育教师通过系统观察和调查进行的持续、累积渐进的智力探索过程。因此，开展基于教学学术的体育教研活动是非常迫切的。高校体育教师还可以通过撰写教学研究备忘录，定期开展教学总结，形成体育教学学术报告或论文等，并与同行分享交流，与专业体育教学研究者开展合作研究，互相评价，集思广益，为共同提高和发展体育教学学术提供参考。

（五）推动体育教师跨学科教学学术交流与合作

跨学科的本质是通过整合自身资源的某一特征和其他表面不相干的资源进行随机搭配的性质。这个新出现的名词在中国已经越来越被更多的人关注，中国作为一个教育大国，对高校体育教师的影响尤其大，因为这个名词意味着教育界的又一次改革已经初露端倪，那就是学科融合，跨学科教学学术交流合作。体育教学学术的跨学科实施可以推进高校体育教师不断地学习新的知识和新的技能，在交换过程中新的教学火花出现在高校体育教师和其他学科教师之间，不仅拓展了高校体育教师的眼界，也提升了教育工作者的综合水平。交流是高校体育教学学术的生命线，教学学术只有通过交流才能为同行所用，这也是教学学术发展的必要过程。高校要建立健全学术交流制度，不断鼓励体育教师参加各类教学学术交流活动，让体育教师走出去，了解体育教育教学改革的最新动态和基本趋势。在了解本学科新的理念、跨学科新的发展动向的基础上，体育教师对所涉及的其他学科知识参与整合、系统集成，最终重建学科之间的交融。这是一个复杂的过程，因此需要体育教师对跨学科的知识以及素材有着敏锐的感知意识，有着充满情感理智的领悟能力，推动体育教师跨学科的教学学术交流与合作，从而达到提高高校体育教师教学学术能力的目的。

四、制度保障策略

（一）建立全面多元的体育教师学术评价制度

受高校体育教学学术的影响，高校体育教师发展途径走向多元，高校体育教学不仅要评估体育教师的课程研究情况，而且要评估体育教师的教学质量。高校应以学生为中心，推进体育教学研究和改革，注重体育教学学术研究，以提高新一代学生的主体性，革新体育教学评价的方式。在高校中，体育教学是第一任务，但在目前的评价制度中，则是以论文发表数量、教学职称等来评定高校体育教师的学术能力。长此以往，体育教师便会为了其他目的来进行学术研究，将会严重影响体育教学的质量。因此，建立全面多元的体育教师学术评价制度，使体育教学学术成果与科学研究成果具有同样的价值，学校才会加大对体育教学学术的投入。体育教学学术属于跨学科的研究，从事体育教学学术的教师需要具备多样的知识基础与综合的能力。因而，不需要对体育教师做出教学与科研的划分，这样的分类方式反而割裂了体育教学与科研两者的关系，在对体育教师进行评价的时候，引导不同领域的教师共同学习与合作，发挥体育教师整体的潜能。在全面多元的体育教师学术评价制度之下，将有效推动体育教师教学学术能力的发展，解决教学与科研的矛盾。

（二）构建合理的体育教师教学学术能力评价制度

根据目前的评价方式来看，仍然是重研轻教，对于评价的标准也一直没有大变动。今后，需扩大学术的评价范围，构建合理的体育教师教学学术能力评价制度，在学术评价的标准和制度中充分肯定教学学术，对评价体系标准进行细化，使高校体育教学学术评价逐步合理，在新的评价体现中突出体育教学学术的特点，让大家觉得"体育教学学术"这一理念值得认可和拥有一定的地位。因为高校体育教学的不稳定，并且时刻在变换着，使得体育教学效果很难体现，毕竟是因人而异，每个体育教师的教学风格都各不相同。所以对于这种情况，单一的教学学术评价标准不能满足体育教师教学学术的发展，需要更加精准多元化的评价标准，尽可能地顾全所有的体育教师，达成资源合理配置。在评价制度中，不仅要评价体育教师在体育教学中的表现，还要评价学生的情况；不仅采纳学生的意见，还将结合各位体育教育工作者全方位的观察，对高校体育教师的教学过程进行评价，快速将评价情况告知体育教师本人，促使其改进体育教学，变得更加优秀。高校体育教学以评价体系为导向，是高校体育教学中出现的许多基本问题和实际问题的焦点。高校体育教师教学学术能力评价制度作为一种新的评价体系，为此提供了契机，由此以教学学术观为统领，构建了分类、分阶段、多元主体、多种形式的体育教师教学评价体系，以制度的方式保障了体育教学的中心地位。

（三）完善体育教师教学知识和能力的培训制度

教育教学知识是关于教育教学的基础理论知识和方法，高校体育教师应在学习的基础上，将其应用于实践，指导自己的教学活动，达到理论指导实践、实践促进理论的良性循环。掌握扎实的教学理论知识，丰富学科知识，需长期不断积累和总结，在独立完成科研的同时，以开阔的胸襟吸收相关研究成果，进一步提升了高校体育教师教学学术的水平。高校体育教师的职业特性决定了需要储备深厚的学科教学知识和具备一定的能力，通过这方面的培训，可以使体育教师的教学知识和能力不断提高，并走向成熟。一般而言，在接受由浅入深的教学知识和能力的培训的同时，也受到其他体育教师不同教学风格、教学方式等多方面的熏陶，在潜移默化中积累教学知识。教学知识和能力是教学学术能力的基础之一，研究工作离不开教学，教学又离不开教学知识和能力作为支撑。因此，完善体育教师教学知识和能力的培训是根据科学教育理论的指导，将学科知识转化而来的，需要在培训过程中不断反思与总结，并向其他体育教师学习，在培训中不断提升高校体育教师教学学术能力。

（四）建立体育教师教学学术的激励机制

高校体育教师教学学术激励机制与职称晋升、学术资源分配等密切相关，而体育教师教学学术最有价值的资本是获得相应的声誉和学术地位。如果充分利用好激励制度，那么就可以由外而内地促进体育教师在体育教学学术中的学术活动，也可以提高高校体育教师对于教学学术的兴趣，变得乐于参加体育教学学术活动，以及自信地与同行进行交流探究。所以，发展激励制度时，要更好地解决问题；制定评价标准时，以增加高校体育教师教学学术成果为主，让擅长体育教学的教师在评定职称等项目时有一定的话语权，并怀抱希望，让他们不至于对自己热爱的行业失去兴趣。在当下，国内也有个别关于教学的奖励是针对特别优秀的体育教师的，但仔细一看就会发现得奖的没有默默无闻的、只注重体育教学的教师，反而是一些专家教授获得了奖励。科研与教学的评价标准差异，使教学评奖力度一直落后于科研评奖，整体地位得不到提升。因此，建立体育教师教学学术的激励机制、增加对体育教师评选的名额、高校多投入充足的资金等，使高校体育教学学术发展拥有坚固的外部保障，也将有力地推动高校体育教师在体育教学实践层面上积极展开体育教学研究和交流。

第六章

体育课程教学评价研究

教学评价的历史演进表明，教学评价是沿着人们的生活、社会发展的道路不断展开的。教学评价的演进与转向实质上是社会历史条件变革范式的表达与特定的存在方式，它折射了时代的诉求，烙印着教育的转向和发展。它的每一次演进，都在昭示着一种新的课程价值取向、教学行为方式的诞生与教育观念之间的转换。如传统教学评价观认为，教学评价的根本价值在于促进学生掌握的知识的提高。因而，以考试为中心，知识的标准化、统一化支配着教学评价的设计与实施，忽视了人的自然适应性的差别。而新教学观则认为，教学评价要重视学生内在和外在的经验与活动过程，要体现出个性化、多元化，要为学生个性化和有特色的发展提供空间，使教学评价与学生的认知和行动、能力和意志品质的发展协调一致；强调教学评价是促进学生进步的中介和反思学习的手段。这无疑是一大进步，符合时代发展的要求。因此可以说，教学评价是一种理性的认识活动，也是社会意识对人存在的反映。它可以创新人才，也可以扼杀人才。正如学者刘放桐所言："范式转变了，科学家眼里的整个世界也就改变了。"

因而，所谓体育课堂教学评价，简单地说就是通过评价体育课堂教学组织实施结果的差距，反映预想状态与现实状态的差距，以判断什么地方错了，如何改进，为最终建构新的教学方式做贡献。为此，本章试图从分析教学评价的发展与问题入手，为深化与促进对其的科学理解和应用提供支撑。

第一节　休育教学目标评价

目标是学校教学运用十分广泛的一个概念，它是教学论、学习论和教学设计三门学科共同研究的课题。教学目标是课程编写、教学设计的理论依据和所遵循的原则。什么是教学目标？教学目标就是反映所要教授的技能、培养的行为，并指出学生在经过教学活动后能力与倾向上有什么变化，即能够做到什么程度，能在什么样的环境中运用所学的技能。因而，如何把教育目的转化为体育课程与教学目标，进而用来指导体育课程与教学的设计、实施与评价，就成为体育教学所要研究的基本问题。最早提出这个概念的是美国课程设计之父拉尔夫·泰勒，他把课程设计的内容和过程表述为四个主要方面，即确定教育目标、选择课程内容、组织课程内容和课程评价。

此后，教学目标的研究得到快速发展，其中最重要的有两个。第一，布卢姆的教育目标分类论：他将教育目标分成认知、情感和动作技能三个领域。第二，马杰的行为目标："我们去哪里（教学目的是什么）？我们如何去（教学策略与教学媒体是什么）？我们如何知道何时到哪里（我们测量什么，评价什么）？"这些不仅是教学目标设计的理论基石，而且带动了教育学其他领域的发展。这一学术的进步，揭示教学目标的研究一直被视为教学系统实施的焦点，是有效教学的"阿基米德"定律。正如中国台湾著名教育心理学家张春兴所说："无论从事何种教学活动，在理论上必须包括以下四大要项：一是预期学习什么，是知识、技能，还是态度观念（教学目标）？二是在教学之前，学生是否具备学习新课程的条件（学习行为）？三是采用何种方法去改变学生的行为，使之按预期的方面发展（教学方法）？四是怎样才能肯定学生的行为确因教学活动而改变（教学评价）？"

一、教学目标的理论与分析

自布卢姆的教育目标分类论、马杰的行为目标等研究得出，教学目标是教学过程中师生预期达到的学习结果和标准。它是课程目标的进一步细化，在方向上对教学活动设计起着至关重要的指导作用，可为教学评价提供标准和依据。为此引发西方教育心理学家就教学目标的作用展开了多年的实证性研究。例如，德蒂斯（G. T. Datis，1970）、克劳尔（K. J. Klauer，1984）、赫米尔通（R. J. Hamilton，1985）等比较了"精确目标""含糊目标"和"无目标"三种条件对学习成绩的影响，结果发现精确目标同另外两种目标相比，前者促进了学生学习成绩的提高。同样2000年在我国上海、四川等多所中小学开展三年的研究表明，目标的具体化显著促进了学生成绩大面积的提高。

从上面的研究可见，教学目标的设置为教师教学指明了方向，为教学的有效达成提供了保障。我们认为教学目标对教学可以起到三个导向作用，一是导学。明确具体的学习目标可引起学生的注意；具有挑战性的目标可鼓舞激励士气，引发学习动机的产生。二是导教。以目标统领教学的选择和组织，可规范课程内容与安排，保障教学进程与策略不偏离教学目标。三是导评。教学是围绕教学目标而展开的，判断教学任务是否完成最可靠和最客观的标准是教学目标是否达到。因而，用目标参照指导测量评价教学计划的实施是否完成，可有效提高教学水平。从教学实践来看，不掌握教学目标理论制约着教师教学目标设计能力的形成。如新课程采用三维目标，但为什么倡导三维目标，有多少理论可以借鉴帮助我们加以理解运用？因此，准确全面地理解教学目标理论的内涵，明确不同教学目标理论的含义，对教学进行设计就成为关键。为此，进行以下五种教学目标理论的分析与介绍，帮助大家全面了解不同教学目标理论的价值取向，以形成正确的决策判断，制定合理的教学目标。

（一）布卢姆等的教育目标分类论

布卢姆等的教育目标分类论采用"三维分析法"对教学目标进行划分，清晰目标隐含的行为情境。它把教学目标分为三个领域，即认知领域、技能领域和情感领域。每个领域由低到高包含了许多层面的变量，表明与这种行为评估相关的、需要抽样的内容可供有的放矢按需选择。

1. 布卢姆等按智力特征的复杂程度，将认知领域目标由低级到高级分为六个维度层次

（1）知道：对学习过的知识的记忆，是认知领域最低的水平层次。

（2）领会：把握知识的能力，对原有知识进行转换、解释、推断。

（3）应用：能根据具体的情境运用所学的知识。

（4）分析：能识别知识组成要素与结构关系，如能鉴别出教学内容中的知识点，区分知识中的组合关系。

（5）综合：能将所学的各种知识重新组合运用。

（6）评价：能根据需要对知识材料和方法做出合理的价值判断。

布卢姆等的认知领域教学目标由六个层次组成，从低到高指明了学习达到的程度，不仅强调知识的记忆性，重视学生的智能培养，更重要的是反映了知识维度层次分类的累积性，即高一级教学目标是在低一级教学目标实现的基础上完成的。其目标分类较为系统全面地阐明了各种学习结果，为认知领域教学评价提供了参照体系标准。

2. 布卢姆等按动作技能获得的过程，将技能领域目标由低级到高级分为七个层次

（1）领悟：能运用感官获得信息以指导动作，是技能领域最低的水平层次。

（2）定向：能建立学习准备，如心理准备、生理准备、认知准备。

（3）模仿：技能学习的早期阶段，即泛化。

（4）操作：能独立完成所学的技能动作，即分化。

（5）自动化：能轻松、准确、迅速地完成动作。

（6）修正：能对技能动作的运用进行不断反馈、修正与提高。

（7）创新：能根据具体情境创造出新的动作模式与之配合。

布卢姆等的技能领域教学目标由七个层次组成，从低到高明确了每个阶段学习的结果，将技能活动的范围与行为的特征进行了分类。从上下对应的学习阶段，提供了学生个体获得外在技能的过程要经历的七级具体目标的多种表征，使得教学效果不仅可观察、可测量，还指出一个完善的学习结果应是促进学生能力的形成与创新的培养，这反映了技能过程层次累积的重要性。这也就是说，高一级教学目标是在低一级教学目标实现的基础上完成的，其目标分类为我们分析、评估和修正教学行为提供了参照体系标准。

3. 布卢姆等依据心理价值内化的过程，将情感领域目标由低级到高级分为五个层次

（1）接受：学生能接受教学信息刺激而产生有意注意，这是情感领域最低的水平层次，即有意注意产生，学习才产生。

（2）反应：学生对教学方式的反应，即教学内容使学生产生兴趣，学生才会主动学习；不使学生感兴趣，学生就不会主动学习。

（3）态度：把兴趣强化成态度，才能保证学习结果的获得。

（4）组织：学生能把学习态度转化成学习信念，才能不怕学习困难、把苦练化为兴趣。

（5）性格化：学生把价值观念内化成爱学习的行为习惯与性格。

布卢姆等的情感领域教学目标由五个层次组成，从低到高明确了每个阶段学习内因的情感行为主体、行为内容、行为条件、行为标准，指明了学生学习的内德行为与外显学习结果的对应关系。这使我们认识到只有保持和发挥情感内化的功能，体育学习才可能形成；没有学习的成功与欢乐的导入，没有快乐的体育课堂建构，学生就不会热爱体育、不会形成终身体育习惯。实践证明，被动地学习收获的只能是被动的结果。其目标分类为我们分析、评估和修正教学行为，建立良好的学习环

境提供了参照标准。

（二）马杰的行为目标理论与方法

1962 年马杰出版了《准备教学目标》，此书被誉为"教学目标中发起的一场革命"，引发美国国会 1975 年在 94 - 142 公法中提出：教师应用具体的教学目标让学生参与特定的教学计划。马杰的行为目标有时也称为作业目标，是指用可观察和可陈述的目标。马杰认为好的行为目标应具有三个要素，一是说明通过教学后，学生能做什么；二是规定学生行为产生的条件；三是规定符合要求的作业标准。由此可见，行为目标的优点是通过最简单的水平分析而找出要解决的问题，像开处方一样清楚地告诉我们：如何设置目标（确定教学范围）—提供什么条件以实现教学目标（选择教学策略）—教学后学生达到什么行为（建立评估标准）。

这里需要指出的是，这种处方模式目标表述十分清晰具体，其科学取向不像布卢姆等的教育目标分类论涉及过多的原理，它把拟解决的问题归纳为更方便的操作行为，清楚地告诉人们学生将获得的具体能力是什么，如何观察和测量这种能力。为了有利于广大教师理解执行，要避免传统方法陈述目标的含糊性。对于帮助体育教师完成教学任务、深化教学设计、积极建构教学过程、解决教学问题、追求效果最优化提供了较为明晰可行的操作性与实践性的策略。此外，存在的不足之处是由于其考察的变量驻足于以外显行为的描述与诠释教学方案的实施全景，对于目标以外的价值则不予关注，即只强调外部行为的结果，未注意内在心理行为的过程，可能导致教学中教师只关注学生的学习结果，忽略对学生内在行为的培养。

（三）格兰伦的目标理论与方法

格兰伦认为，外在学习行为的变化实质是内在心理的变化，提出了把内部过程与外显行为相结合的展开目标表述法。这一方法既保留了行为目标表述的层次性和外显性的优点，又避免了其忽略内心变化的缺点，适用于情感、态度与价值观表述的比较合适的方法。这里需要注意的是，由于内在的行为变化存在难以直接进行客观观察和测量的特性，教师在具体运用时对目标的陈述不仅要应用具体的词语予以明确，还要对反映这些行为变化的"样品"加大说明。这样可操作性会更强，对教学过程和教学测量与评价发挥更具体的指导作用。

（四）艾斯纳的目标理论与方法

艾斯纳（E. W. Eisner）从人本主义角度认为，教学是人自身的学习，本质上是解放人的一种活动。教学目标的指导应关注每一个学生在具体的教育情境的各种相互作用中所产生的个性化表现，提出了表现性目标（expres-siveobjectives），由于这种目标只描述学生在活动中应表现出来的行为和态度，没有可测量的学习结果，不像布卢姆目标、马杰目标那样追求学习结果与预定目标的一致，而是重视学生的自主体验和感悟的差异性，让学生有创造性、个性化的表现。其目标表述法只提倡教师指明学生需要从事的学习任务是什么，应参加的活动是什么，但是不提出具体的全体学生要达到的行为标准，不精确规定每个学生应从这些活动中习得什么，驻足于追求每个学生学习的个性化表现。例如，健美操课目标的表述：通过让学生体验和欣赏健美操的律动，激发学习热情，引领学生积极参与主动认知。教学实践反映了这种目标只注重过程，不重视结果。虽然强调学生的个性发展与主体意识的提升，但在表述上是模糊的，不能起到课程与教学的指导作用。它背离了教学目标要清晰、具体，可观察、可测量的原则，所以只能作为教学目标具体化的一种补充。教师千万不能把这种目标作为主体，否则就又回到传统教学目标，只有宏观普遍性表述而没有微观表述指导的老路上去了。

（五）加涅的目标理论与方法

美国学者加涅（R. M. Gagne）吸收了现代认知心理学的最新成果，从学与教的心理角度对教学目标的设计与陈述提出了另一种分类方法——"学习结果分类"。因为教学目标是预期的学习结果，所以加涅的学习结果与教学目标是同一件事。他把支配人类五种学习结果（言语信息、智慧技能、认知策略、动作技能和态度）作为教学目标，不仅从内部与外部对教学目标进行了整合，阐明了教学系统的结构性和功能机制，而且突出了每一类素质目标的独特学习过程和内外条件如何在最佳学习条件下呈现，为针对不同类型的素质进行教学设计提供了策略指导，实现了教学目标整体统一、简洁明快、协调均衡、行为聚焦的特点。可以说，这一目标分类法是对布卢姆等前人的一种大胆超越，体现了教育目标分类的新视野。下面依次简要介绍各步骤的内容与构成，供参考借鉴。

1. 言语信息

言语信息是一种陈述性知识，是指一个人能学会用口语或书面语言表述，说明一个事实或一系列事件。这一分类为进行教学任务的分析与设计找到了心理科学依据。在学习动作技能之前，应先让学生对所学的动作技能有一定的认识或意象，如可以借用言语指导及录像、演示来实现。它有四种具体形式：名称、事实、有组织的事实和言语素链。名称即能将所学的动作与称呼相对应，如能把所学的传球动作与动作名称对应上。事实是我们可以对某些命题加以完整的回忆与表述，如能对投篮动作进行完整表述与回忆。有组织的事实是指能把一组动作归纳为一个命题，如把助跑、起跳、腾空、落地四种动作归纳为跳远。言语素链是指能把一组动作用一一对应的方式储存在记忆中，如把篮球行进的高手上篮的一组动作对应储存为"一大、二小、三高跳，手指柔和把球举，对准黑框向里挑"。编写教学目标的动词表述一般用说明、描述、背诵、列举、操作等。

2. 智慧技能

智慧技能是指个体能学会应用符号或概念与环境的相互作用，如能利用数理化知识对事物的属性进行分类、对比、分析、区分等。它有四种类别：辨别、概念、规则与原理、问题与解决。辨别是指能察觉感知刺激物差异的能力，如能通过感官察觉感知乒乓球旋转与不旋转。概念是指能对一组拥有共同特征的客体或事件进行归类，如能区分为哪些属于篮球动作、哪些属于足球动作。规则与原理是指能运用规则或原理预测、理解和解释客体或事物之间的内在联系，如能利用"能量代谢原理"说明不同运动时段能量的变化。问题与解决属于高级规则，是指能运用各种规则和原理对出现的问题予以解决，如能运用技能形成规律解释不同学习行为的发生。智慧技能属于"三维目标"的知识与技能领域，编写教学目标的动词表述一般用辨别、识别、区分、运用、展示、理解和掌握等。

3. 认知策略

认知策略是一种重要的技能，是指个体能对自我思想和行为进行支配监控，即学会分析问题、解决问题的能力。认知策略属于"三维目标"的过程与方法领域。编写教学目标的动词表述一般用创设、发现、开发、领会等。

4. 动作技能

动作技能是指个体会用一系列肌肉或躯体动作来完成运动，如打球、滑冰、跳舞、骑自行车。动作技能属于"三维目标"的知识与技能领域。编写教学目标的动词表述一般用跳起、摆动、旋转、射门等。

5. 态度

态度是指学生获得影响自身行为的心理特征，如有人把跳舞作为自己的爱好。态度是最后的一种学习结果，属于"三维目标"的情感性领域。编写教学目标的动词表述一般用培养、养成、热爱、欣赏等。

新课程实施以来，教学目标已日益成为指导教学活动的独特标志，为教育教学带来了深刻的文化意义。它的出现不仅使课堂教学发生了翻天覆地的变化，也使体育教学实践改革落到了实处。这里需要注意的是，教学目标所描述的是教学的输出，而不是教学的过程。因而，深入分析和总结这些理论，可帮助教师从比较宽阔的视野和不同的层面更好地认识教学，并积极运用、科学实施。

二、体育教学目标的诊断评价与应用

以上从不同角度介绍了布卢姆等的教育目标分类论、马杰的行为目标理论与方法、格兰伦的目标理论与方法、艾斯纳的目标理论与方法、加涅的目标理论与方法，可以发现教学目标是一个有着多方面内容的概念，有着强烈的理性应用背景。这些理论彼此之间既存有共同的普遍性，又存有不同差异性和特殊性的理性指向特征。为了防止偏离和混淆，以便对它们有更好的运用，还需要概括出教学活动与目标实现是怎样的关系。为此，以下进行概括分析与诊断评价，把一般理论加工重建转化为解决某一具体问题的指导方针或行动方案，为教师准确认识和定位教学目标与功能提供方向和路径，以便于更好地将教学目标的设计建构在现代教学论的基础上，科学地实施教学目标的设计与制定。正如美国心理学家西蒙（Herbert A. Simon，1987）所指出的在相当大的程度上，若研究人类便要研究设计科学。它不仅是技术教育的专业要素，也是每个知书识字的人的核心学科。

（一）五种教学目标的分类与比较

以下对五种常用的教学目标进行陈述，分析每一种目标产生的指向结果、学习水平与行为条件，帮助教师理解各教学目标之间的"落差"与区别，明白如何将教学目标建立在新课程学习论的基础之上，如何将教学目标的理论转化为实践设计，正确理解，避免误用，以便能够根据不同种类的学习结果、学习过程和学习条件有效地产生所期望的教学目标。

1. 布卢姆教育目标分类

布卢姆的教育目标分类理论，依据总目标和分段目标确定课程层次和目的。通过程序流程图的分析形式逐层划分教学应实现的水平与程序，考虑与认知有关的其他心理活动的方式和特征，使课程设计有共同的规律可遵循，还可根据课程任务对不同个体的差异进行选择和协调，将理想的标准与现实情况相对照，从而找到差距，努力消除这些差距。该分类学的不足之处是忽视了理解的目的在于应用，没有知识与能力的关系；只有知识维度的分类和学业的表现，缺少学习策略的呈现，没有解决如何通过目标的科学引导；促使这一水平行为的实现只有导教、导评，没有导学。所以，该分类比较适合应用于单元课程教学目标的指导教育测量与评价，但难以有效指导课程的学习和教学过程的设计。另外，分类层次和数目理论偏多，可能导致许多基层教师不易把握，难以对接实施。

2. 马杰的行为目标

这种目标以行为主义的刺激反应和强化理论为依据。其优点是简明扼要、可观察、可测量、可操作，便于使用，体现了"唯科学主义的价值观"，适合于一般课时目标。其不足之处，一是课程目标狭窄，缺少内因认知能力与知识维度分类的陈述；二是它强调每一单个设计的逻辑组织，不考虑彼此之间的相互联系；三是从陈述条件直接预测学习结果，容易使设计走向僵化，因而也不能及时修正偏离度，容易导致系统在运用过程中不能调节平衡产生失调，难以达成预期结果。

3. 格兰伦的展开目标

格兰伦认为外在学习行为的变化实质是内在心理的变化，提出了把内部过程与外显行为相结合的目标表述法。这一方法既保留了行为目标表述的层次性和外显性的优点，又避免了其忽略内心变化的缺点，是用于知与行相结合目标表述得比较合适的方法。这里需要注意的是由于内在的行为变化存在难以直接进行客观观察和测量的特性，教师在具体运用时对目标的陈述不仅要应用具体的词语予以明确，还要列举反映这些行为变化的"样品"加大说明。这样可操作性会更强些，对教学过程和教学测量与评价也能起更具体的指导作用。

4. 艾斯纳的表现目标

由于表现目标的特征着眼于学生未来的发展，以共创明天的取向为目标，强调教育要尽其所能地解放人的潜能，为学生未来参加生活做准备，因而，表现目标注重学习过程中的获得，而不是仅以结果来衡量学生的发展。从这个意义上说，这个目标是对的，是好的。问题是由于表现目标事先不固定，是在过程或教学活动中随情境而产生的，对教师、教学条件、教学环境要求较高，不易把握。在我国当前大班级授课情况下，难以实现一堂课让教师与所有学生达成对话，无法为每一个学生提供情境体验的感受过程。因而，不符合国情实践，难以落实。

5. 加涅的学习结果分类

美国著名教育家加涅的学习结果分类的提出形成年代较晚，吸取了现代认知心理学的最新成果。其最大贡献是用知识阐明了学生习得的能力本质，对教学目标理论提出了"为学习设计教学"的理念。他认为不同类型的知识被用来解决不同的问题，教学必须考虑知识学习不同类型的过程和条件，考虑知识的迁移和应用。他按每类学习结果阐明了学习出现的过程和条件，以及其可测量的行为指标。因此，加涅的学习结果分类不仅有助于教学目标的测量与评价，而且有助于导学和导教，弥补了布卢姆教育目标分类只告诉人们如何设计策略，而不告诉人们如何学和教的不足。因而，对于教学单元或课时目标比较适合。

（二）传统教学目标

我国受苏联教育理论的影响没有发展出目标陈述技术，一般把教学目标按教学要求编写。这种目标的特点是把一般教育宗旨或原则当作课程目标，属于普遍性目标。它偏重于从国家宏观目标角度的"德智体"作为框架论述课堂学习的微观目标，导致只反映了教学目标的范围，未涉及每一个领域的具体学习结果掌握的程度。由于它提供的不是具体的要求与标准，因此具有普遍性、模糊性、规范性，可运用于所有的教育实践，但难以对具体实践情境的需要做出解释。再者，由于不懂得知识维度的分类，更不知道对不同类型知识的不同教学操作。因而，致使教学目标设计比较模糊、无层次和领域划分、词语笼统缺少具体性，不能逐层揭示教学活动，不能根据学习的不同类型创设与之匹配的最适当的内部和外部条件，难以达到有效检测教学效果、指导教学策略，所以该目标只能适用于学科课程总目标的陈述。

（三）体育教学目标的选择应用

上述几种理论的综合和论析，清楚地呈现了各理论的核心概念与结构，为我们对理论的理解与进一步有效使用奠定了基础。通过上面的分析可以看出就像社会存在决定社会意识一样，由于教学目标是一定社会教育价值观指导下的课程与教学的具体化，关于学生身心发展的规律、社会需求的重点以及知识的性质和价值法则对这三者之间关系的理解不同，对课程与教学目标的取向就会有所不同。因而上述五种教学目标各有特点，每种理论的潜在价值取向不同，追求不一，都烙印着其所处的社会、文化和精神世界的反映。所以，每一个旧目标理论都是新理论的基础。这揭示出每一目标都存在有效性，也存在一些难以实施的不足性。新一轮课程改革将三种课程目标取向予以综合，把展开性目标和表现目标作为行为目标的补充形式。这里需要指出的是按照教学活动的需要，教学目标可以分为学科目标、单元目标和课时目标。学科目标是表述这门学科在教学总体上所要达到的结果；单元目标是表述对这一门课教学各个单元组成部分的具体要求；课时目标是表述对该课时所提出的具体要求。

至于要采用什么具体目标，首先取决于这门学科、这个单元、这堂课要解决什么问题，然后依据一定的教学环境和教育活动的多种因素对理论加工重建，才是可为的，即为了有效解决问题，常常需要综合多种变化之道。如该课重点在于知识和技能，则低年级采用行为目标、高年级采用加涅学习结果分类，以表现目标为补充形式较宜。如果该课重点在培养学生解决问题的能力，则采用行为目标，以展开目标为补充形式较宜。如果该课重点是对系统目标的制定，则采用布卢姆的教育目标分类较宜。如果该课重点是对学科目标的制定，则采用普遍性目标较宜。其次，有一些目标在目前我们难以使用，不是理论的原因，而是受我们社会发展的制约。不向前看不能把握未来是不对的，过于向前看不结合实际也是不对的。正如 W. 迪克在《系统化教学设计》一书中指出的："在教学设计过程中，最为关键的工作或许就是确定教学目标。如果教学目标确定不适合，再好的教学也可能无法满足组织者或学习者的真正需求。没有准确的教学目标，教学设计者就会为根本不存在的教学需要去进行教学。"

（四）体育课堂教学目标的诊断评价与应用

2011 年版《体育与健康课程标准》对教学目标、教学评价和课程资源开发等方面提出要运用量化和便于评价的语言表述，要能有效指导教师正确处理与诊断各有关部分发生的关系，能有针对性地采用相应的方法和策略，精确制定切实可行的实施方案等，使课程实施的"度"紧密地联结课程的目标，避免出现如过去在课程目标的制定过程中实践无法操作的局面。诸如美国学者沃尔特·迪克以及我国学者皮连生、何克杭等认为，有关教学目标的陈述应该富有逻辑，表达清楚，具有可观察、可测量的特点。

教学目标的选择和确定是一个求精的推理过程、一个良好的教学目标设计，需要回答以下问题：

（1）教学目标是否描述清楚、可验证？

（2）内容区域是不是已被清楚地界定？

（3）这些行为是不是可以清楚表现、可测量？

（4）教学目标符不符合学生的需要？

（5）教学目标与教学环境是否存在逻辑的一致性？

在回答上述问题后，教学目标的撰写可以采用以下步骤：

（1）写出教学目的，列出所有学生要做的、能达到目的的行为。

（2）这些行为是不是可以清楚表现、可测量？

（3）分析所要进行的行为，选择那些最能反映目标完成情况的行为。

（4）将所选择的行为用可观察、可测量的明晰话语进行描述，说明学生要能做到什么程度。

（5）审查目标陈述，判断学生做到这些行为后是否就算达成了教学目标，即学生在完成学习任务后获得了什么新本领、掌握了哪些新知识、会做什么事？

这一建构告诉我们，如果教学目标不能用可观察、可测量的明晰话语进行描述，不能说明学生能做的行为与要做到的程度，即使学生课上很活跃，可能也学习了知识与技能，但这样的课充其量只能算是练习课。正如人们常说的，一堂花拳绣腿课，教师什么也没有教，学生什么也没有学。

一个良好的教学目标应符合以下要求：

（1）教学目标陈述的是学生的学习结果，不是教师做了什么；应陈述学生通过学习后会做什么，做到什么程度，能在什么情况下做。

（2）教学目标的陈述应明确、具体，可以观察和测量；不能用模糊不清和不切实际的语言陈述，应用一些行为动词表现具体化的行为。

（3）教学目标的陈述应能反映出学习结果的层次性。认知领域的教学目标一般应反映记忆、理解与运用（包括简单运用和综合运用）三个层次；过程领域的目标应反映学会了什么、会做什么；态度领域的目标应体现接收、反映和评价三个层次。

有国外学者指出，课堂教学目标应包含以下四个要素：

（1）行为主体。目标描述的应是学生的行为，不是教师的行为。有的目标表述成"教给学生什么"是不对的，应规范为"学生通过学习学会了什么"。

（2）行为动词。用行为动词描述学生所形成的可观察、可测量的具体行为，如足球课，90%的学生能运用脚内侧技术传球或停球。

（3）行为条件。学生获得的学习结果能在什么条件下运用，如90%的学生能在攻防对抗中运用脚内侧技术传球或停球。

（4）表现程度。学生达到的最低表现水平，用以评价学习表现或学习结果达到的程度，如30%的学生定点罚球能投中50%。

这一陈述从结构性、系统性确定了各个知识点之间的相互联系，为我们展示了整个概念中每一部分所处的地位，指出了教学目标的陈述是把它们有机地联系起来形成一个系统，而不是各个知识点的堆砌。

第二节　体育课堂教学评价

一、瑞卢格斯"一个目标、两个过程、四个环节和系统策略"理论在教学活动中的应用

依据瑞卢格斯主编的《教学设计理论》（1983），教学组织要素设计的步骤通常可以分成"宏观策略"（如教学目标）和"微观策略"（如教学方法手段）两

类，梳理得出"宏观策略"强调结构性的关系，"微观策略"则为具体的教学步骤提供"处方"。按照这一理论，在教学目标设计确定后，下一步的教学设计工作是开发与组织课堂教学策略，解决如何带领学生"去那里"的问题。由于目标的实现是教学活动逐级具体细化的结果，可以分为起点目标、教学活动1、教学活动2、教学活动3等，通过进行活动的逐级细化达到目标任务的完成。这一定序的目的是保证教学活动每一次细化的结果与教学目标保持一致性与整体性。因而，为了保证课堂教学活动逐级细化的变量不发生偏差，对此进行诊断与评价就是必需的。以下用瑞卢格斯的细化理论"一个目标、两个过程、四个环节和系统策略"、加涅学习结果分类为案例进行诊断评价，逐级分析每一教学活动技能步骤的目标表述与教学策略，希望能为教师的教学诊断与评价带来更加准确、有效的参考借鉴。

（一）一个目标

一个目标是指把教学内容按照一个目标进行合理而有效的定序组织与构建。

（二）两个过程

两个过程是指通过两个设计过程的细化来实现上述目标，即"概要设计"和"定序设计"。

"概要设计"是针对从学科内容中细化出的所要掌握的概念原理或要领可通过什么方式呈现给学生、提供什么"支架"的"教"与"学"的情境练习过程。如针对教学的展现，即概念性内容（说明"是什么"）、过程性内容（说明"如何做"）和结果性内容（说明"运用什么"）。

"定序设计"是指对选出的学习任务概要不断进行逐级细化，细化的复杂程度和精细程度逐级加深。每一级细化都是前一级呈现内容的深入与扩展，即通过每一次细化，使教学信息越来越具体、深入、细致，直至达到教学目标所要求的学习内容实现。

我们下面以动作技能教学步骤的定序设计为例进行展开论述。

（1）引起注意：借用图示、类比、音调、手势等引导学生关注所要学习的内容。

（2）描述目标或目的：明确学生所要学习的内容是什么？

（3）讲解：将所学的知识、过程或技能的概念、要领或原理呈现给学生。

（4）示范：多角度演示新学习的技能，促进理解。

（5）提问检测：对前面所学内容进行提问以检查学生学习理解的情况，确定他们掌握的程度。

（6）模仿练习：学生在教师的仔细指导下进行练习。

（7）独立练习：安排多种形式的练习，提供反馈、辅导等各种矫正性指导，减轻学生的记忆负担。

（8）评价业绩：评估学生的行为表现，检验学生掌握知识技能的程度、应用的情况，考虑如何反馈与补救或完善等。

（9）再次练习或结束。

如（1）～（4）教学设计有六个策略可以在课堂上应用。

一是运用多样变化的学习情境条件引起注意、引发动机，激活感受器。如运用视听媒体的动静、图表、模型、多媒体等的变化来引起学生注意，运用听觉媒体的口音、语音高低、快慢等变化来引起学生注意等。

二是运用幽默支持注意。研究认为，在教学中适时运用幽默可以对注意力和兴趣产生积极的影响，幽默包括语言幽默、动作幽默等。但无论何种形式，都必须尽可能地结合教学实际。例如，教师夸张地模仿错误的动作，幽默地模仿学生的优秀投球动作并表扬学生像乔丹一样有魅力等，都会收到意想不到的效果。

三是借助亲身体验支持注意。让学生拥有具体感受、亲身体验感受信息，会使学习活动更有意义。例如，比一比谁跑得最快、投得最准、回答得最准确等，都会引发学习个人意义的产生。

四是运用认知冲突支持注意。认知冲突又称为认知失调，学生在遭遇两种观点或两个事件互相矛盾的情况时，会出现智力上暂时不平衡的状态。皮亚杰称这种现象为失衡。人天性具有追求解决认知冲突的倾向。当认知冲突时，人的注意力将大大集中。例如，直道跑和弯道跑有什么区别，怎样才能跑得快？

五是运用探究方式支持注意。一个附加的好处就是能帮助学生重构或打破原有的认知图式，通过提出假设、搜寻信息、检验假设和得出结论，使学生积极投入与自己个人的兴趣密切相关的探究活动中，注意力也就自然高涨。例如，物理学告诉我们直线最快，为什么背越式跳高弧线助跑比俯卧式直跳高线助跑效果好？

六是运用积极参与支持注意。被动地学习容易导致学生注意力不集中，如通过积极参与做游戏、演角色、展示模拟或互动等形式，都可以调动人的注意力。即使在听讲型的接受学习中，也可以结合多种方法，使学生的学习活动动静搭配、合理有序。

如（6）～（7）教学设计有七个策略可以在课堂上应用。

一是要点提示。通过口头、图片、标记色彩、大小类比等方式对关键点、要点等予以提示，告诉学生应该特别关注什么。例如，用两臂形象地比喻投掷的出手角度。

二是把握节奏。对每一教学的知识点一次呈现的信息数量予以控制，以减少学生记忆的负担。例如，一个动作的知识点可以分几次讲解，先讲粗大的动作要领，再讲精细的动作要领。

三是形成组块。将概念、要领、原理有意义的组块形成范式，可以减少学生记忆的负担。例如，运用形象化的口诀促进学生理解动作要领。

四是适当重复。要求学生对那些至关重要的特征，适当重复感知或将几种感知方式结合起来运用。例如，在学习了一组新的动作后，教师就立刻为学生提供练习的情境，予以应用巩固。例如，针对教学重点与难点采用诱导练习、辅助练习相互结合的效果较好；或是运用对比分析法，区分联系，明晰正误，突破难点，厘清重点。

五是简化表征。尽量借助图表等方式突出关键特征，从而省略一些无关特征，突出特点。例如，利用层级学习图式提纲挈领一目了然，易于理解掌握。

六是回忆旧知。建立新旧知识之间的联系，促进学生的意义建构。例如，联系原有已经学到的知识进行迁移，帮助学生发现规律，促进编码，以将长时记忆中各种不同的动作图式与学习连接起来。

七是提供一个有系列的组织练习，形成连锁条件，把一系列局部动作有机地连接成一个完整的动作系统，精细加工，促进动作编码。因为技能达到自动化只是记忆迁移的一个方面，还要考虑在迁移情境的运用自动化。

如（8）的教学设计有四个策略可以在课堂上应用。

一是根据学生练习的正确率来判断。

二是根据学生练习的质量来判断。

三是促进内反馈，通过内部神经反射（如动觉、触觉）获取内部肌肉信息改进学习；促进外反馈，通过外部媒介（如节拍、口令）达到对学习的改进。例如，采用互帮互学、同伴讨论提问、彼此示范等双向反馈，把内部反馈和外部反馈相结合。

四是运用各种变式练习，帮助学生补救、迁移、同化知识。

上述可见，"概要设计"与"定序设计"的好处是可以将教学各步骤中的决策过程一览地表示出来，确保教学的最大有效性。一方面，在同一等级上可以对不同的教学内容进行细化（横向程度相同的多种变式）；另一方面，可以对同一教学内容在上下相继的等级中不断细化（复杂程度不同的由浅入深）。这就使教学系统有较大的灵活性，既可通过横向（同一细化级）了解学科内容各部分当前的细化情况，又可通过纵向穿过一系列细化等级而达到对某一知识点的深入了解。这种特点对于技能程序教学系统的设计与实现是特别有利的，犹如"可变焦距镜头的照相机"，开始用广角镜头（相当于"概要"），然后通过变焦进入逐级细化的过程（可以循环往复），以观看整幅画面中的各个部分（细化后的教学内容），接着变焦镜头移出以便回顾、复习学过的全部内容和确定各部分知识之间的联系。将变焦镜头移入和移出的调节过程要反复进行，一直到整幅画面的所有部分都已按照精细等级被考察过为止。

（三）四个环节

四个环节是指为保证细化过程的一致性和系统性，必须注意四个教学设计环节的密切配合。这四个环节是选择、定序、综合和总结。

选择是指从学科的知识内容中选出为了达到总的学习目标或单元的教学目标所要教的各种概念和知识点，从而为概要设计做好准备，这是课堂教学的初始设计任务。

定序是使教学内容（学科知识内容）按照"从一般到特殊"的次序来组织和安排，这既是概要设计和系列细化设计的指导思想，又是设计的基本内容，应该贯穿于这两个设计过程的始终，从而保证每次细化结果的一致性。

综合作用是要维护知识体系的结构性、系统性，即确定各个知识点之间相互联系。通过综合使学生看到各个概念之间的关联以及它们在更大的概念图中（乃至整个课程中）所处的地位。在每一级细化过程中都将有两种形式的综合发生，即内部综合与外部综合。内部综合用来阐明给定的量化等级之内各概念之间的关系；外部综合则用来阐明给定细化等级内的主题和已经教过的其他主题之间的关系。

总结是一种获得信息、判断增值和改进决策的很重要的策略，旨在测评教学效果与诊断学习困难，调整教学过程，达成有效学习。

（四）系统策略

系统策略用于确定课程内容的细化顺序，按最重要关系、并列关系、从属关系和次要关系的次序组织内容，对概念的学习按自上而下的层级方式排列，把最一般的概念放在顶上，最具体的概念放在底下，非概念性知识（如过程性、原理性知识）则作为补充内容在后面安排，为确定的学习任务提供方法、手段和条件，从而使教学内容、教学组织、教学负荷体现由浅入深、由低到高递进，以促进学生的学习体系建构。

二、体育课堂教学评价的设计

大学生体质连续二十多年持续下降的残酷事实让人们质疑学校体育——小学 6 年、初中 3 年、高中 3 年，学校体育教学教给了学生什么？人生接受教育最宝贵的 12 年，学校体育实现了什么教育目标？这些需要深入分析，让广大教师明白其教学效果哪些方面是低效的、哪些方面是无效的、哪些方面是有效的。因而，体育教学评价是教学不可缺少的重要组成部分，不仅可以对体育课程的科学化方式等施加规范，也可以消除教学设计的偏差、误差，保证教学按给定的方式向目标运行。可以说，它是保障体育新课程实施的重要手段和基本途径。为此，本节驻足于从体育课堂教学内容、教学组织、教学能力、教学负荷等范畴进行解析，让课堂教学变成有目的、有效率、有魅力的动态活动，为体育新课程的科学实施提供支撑。恰如学者王逢贤在《学与教的原理》一书中指出，学与教的原理为教授者和学习者的艺术性创造留有更多的空间。

（一）体育课堂教学内容的评价

体育课堂教学内容是指按照教学目标要求学生学习的知识、技能和行为经验的总和。因而，它既涉及认知与情感、知识与技能的"教"，又含有学生的"学"的双向组成部分。沿着这一认识逻辑，体育课堂教学内容评价不仅是一种意向性（有目标）的行为活动，而且是分析教学内容的类别与性质、提供学习程序与指导的策略活动。它明示我们体育课堂教学内容不只是一个实施计划，也是一个怎样选择与组织教与学的活动。通过对体育课堂教学内容进行评价，我们可以认清学习内容之间各组成部分的相互联系，明确知识类型与认知分配，把握教学难点，从而明确取舍、补偏救弊、顺其所易、矫其所难，较好地实现课程对教学内容编制的辩证要求。诚如我国古代思想家墨子所说："子深其深，浅其浅；益其益，尊其尊。"对此，教学论专家布鲁纳曾明确强调："学习的最好刺激乃是对所学材料的兴趣。"基于此认为，体育课堂教学内容的评价，可从教学内容设计的有效性、学生学习的有效性展开。

1. 判断教师教学内容绩效性的评价

体育课堂教学内容评价不仅是一种意向性（有目标）的行为活动，也是分析教学内容类别与性质、提供学习程序与指导的策略活动。这一命题释义出，教学内容的组织与编排既是一门科学，又是一门艺术。说其是科学，是因为教学内容的组织受教育理念的统摄、课程原则的框定、学习程序性等的预设。说其是一门艺术，是指教学内容的选择与安排不是凝固不变的，而是可以根据教学情境的变化而变化的，因教学对象的差异而变化。由于对其的选择与实施需要教师的智慧与策略，因此其又是教师教学技巧的艺术化表现。

根据这一理解，体育课堂教学内容的评价可以从理论和实践两个层面展开。在理论层面评价的指向是判断教学内容的设定以传授知识为导向，还是发展能力为导向；在实践层面评价的指向是，判断教学内容的组织与编排是以教师的"教"为设计还是以学生的"学"为设计。

教学内容理论层面评价解决的是教学以向学生传授知识、技能为主，还是以发展学生的能力为主。这是教师对教学意义的不同认识的反映，两者之间的选择是区分教师是传统教学观还是现代教学观的分水岭。不同的观点不但影响着对教学内容的选择，而且影响着对教学内容组织方法的选择。因而，评价的标准不是看教师的教学内容有没有完成，而是看学生有没有学会，有没有实现汗水加笑声的"懂会乐"教学。内容实践层面评价解决的是教学内容的选择与编排有没有按照知识主次、从属与并列的各组成关系展开，有没有按照学习层级逐渐分化的逻辑性由简到繁、由易到难的准则编制教学内容，有没有按照知识向量的迁移性和全面性科学设置教学方式与学习策略，解决"怎么学"的问题。下面我们具体分析。

第一，教育理念是教学内容评价的依据。从方法论来看，体育教学内容的问题是对教育理解的问题、认识的问题、知识储备的问题。"眼光不同，对所有事情的理解就不同。"由此而知，教师对教育理论、教学理论的不同观点取舍，影响与制约着对教学内容的选择。因为教学是教师的"教"与学生的"学"的统一，其构建是由教师的思想行为决定的。教师没有正确教学思想行为的立准，教学内容的选择与运用就难以达到新时代的要求。明确回答这个问题，对体育教师专业化的提升与发展有着积极的意义和作用。我国教育名篇《学记》中"善歌者使人继其声，善教者使人继其志"讲的就是这个道理。所以说，教育理念是教学内容首要评价的依据。

第二，教学内容结构的选择与编排是评价的依据。教学内容结构的选择与编排是指学习不是突然发生的，而是通过一系列细小的步骤按顺序达成的。一是指新学习材料符合学生的认知特点、生理特点，学习动机就会发生。反之，教学内容不合理，学习材料不适合、有困难、不容易传导时，学习状态就难以建立，学习动机就不会发生。二是学生的学习过程存在着知识"同化、顺应与平衡"三种图式的意义建构过程。这三种水平状态在学生的学习方式上表现出不同的特征，制约着学习的质量和效果。教学实践证明，学生如果原有的知识与经验不能"同化"新知识、为接受新知识与表象创造有利条件，教学的知识意义建构就会发生困难。这也会引起"顺应"过程的发生，即对原有认知结构进行改造与重组，这样学习的时间就会延长，教学效果就会降低。它告诫我们，必须把教学结构改造成学生该阶段能普遍接受和理解的形式（如情境丰富形象、内容建构生动、提供先行者组织策略等），使其范围、深度、速度能同学生的实际水平相适应，这样良好的学习行为才可能发生。

第三，教学内容的学习层级是评价的依据。学习层级是指教学内容的组织与编制中的由整体到部分、由一般到个别的不断分化。复杂的教学都是以简单的教学为基础的，如果不掌握前一个学习内容，就很难进入下一个内容的学习。只有遵循从简单的技能学习到复杂的技能学习的相互作用关系，才能把教学内容转化为习得的能力。正如信息加工理论告诉我们，学习受认知变量的制约，对此掌握利用可提高体育学习活动的定向认知能量与认知功用。基于这一道理，教学内容的学习层级就成为评价的依据。恰如赞可夫指出："不管你花费多少气力给学生解释掌握知识的意义，如果教学工作安排得不能激起学生对知识的渴求欲望，那么这些解释仍将落空。"

第四，教学内容的迁移性、全面性是评价的依据。教学内容安排原则告诉我们，教学内容的安排不仅要注意知识技能各部分内容的纵向递进性与横向层次性之间的联系，还要关注教材之间迁移的属性。教材的迁移属性是指一种学习内容对另一种学习内容的影响。心理学研究表明，先前学习对后继学习产生的影响是顺向迁移，后继学习对先前学习产生的影响是逆向迁移。两种学习相互干扰是负向迁移，两种学习相互促进是正向迁移。体育教学实践表明，教学内容的安排确实存在这样的现象。例如，学习完短跑再学习跳远可能会产生正向迁移，学习完跳远再学习跳高则可能会出现负向迁移。

教学内容的全面性是指教学内容的选择与安排要能促进人的身体各个素质的全面发展。如果课堂教学仅围绕某一素质的发展去实施教学内容，就会造成学生身体素质出现失衡，影响学生身体和谐的发展。这一身体全面发展原则要求，同一课程的教学内容不能全部安排上肢练习或下肢练习。如安排投掷练习后不能再安排单杠练习，安排短跑练习后不能再安排耐力跑练习，安排双杠练习后不能再安排单杠练习。遵循这一原则，教学内容的迁移性、全面性就成为评价的依据。

基于上面的讨论，体育课堂教学设计的评价可围绕以下几个方面实施：

一是围绕认知发生的顺序性和逻辑性进行"同化、顺应与平衡"的构建，准确把握好学生学习的"教学适配"。

二是要立足于以教为学的策略构建。在方法和手段的选择上，体现出"为学习而设计""为理解时刻而教""个性学习自由度"的教学策略，要清醒地避免学生是原料，输入一个、输出（产出）一个的传统工学模式。

三是学习层级的选择要建立学习跟知识之间的和谐。既要体现出教学的内容性、组织性和负荷性的三个螺旋上升的有序递进，又要符合学习发展由量变到质变的有效性飞跃的记忆规律。正如维果茨基所言："学习的一个基本特征就是创造了一个最近发展区，唤醒内部的多种发展过程。"

综上所述，课堂教学内容的选择与安排是教育存在方式的自我理解与批判，不同的教学范式表达并反映着其特定的存在方式。这一认识辨识出，教学内容的选择与编排存在思想性、原则性、编排性的特征并受其制约。如果不能针对这些相互的关联、相互的作用去实施教学内容，就会出现教学的偏差，无法实现预期的教学目标。正如皮亚杰的发生认识论指出，主体对客体的认识程度完全取决于主体具有什么样的认知结构，学习的认知结构存有一系列由低级到高级的心理认知图式。

2. 判断学生—学习绩效性的评价

众所周知，新课程教学贯穿"教师为主导、学生为主体"的理念，它是实现学生学习的重要准绳。根据这一准绳，学生的学习是否主动参与、学习方式是否有效、学习氛围是否欢乐就成为体育教学的评价依据，即评价知识学习的效果、技能掌握的水平、学习的成功体验。这三个方面也是教师常讲的学习就是"懂会乐"，即学生懂了没懂、会了没会、乐了没乐。

（1）为什么学生学习的主动参与是体育教学内容评价的依据？

心理学研究证明，行为是认识的反映。学习场景也表明，其主体内驱力的参与性越强，其学习认知的效果就越好。鉴于此，从有效学习论出发，可从以下六个方面进行评价：

①情绪状态：学生是否具有浓厚的学习兴趣、对学习内容具有好奇心与求知欲、始终保持学习热情、积极参与练习活动。

②注意状态：学生是否关注学习内容、积极投入思考、注意教师的指导要求、做出有效的学习应答。

③参与状态：学生是否全身心地参与学习活动，是不是"汗水＋笑声"地投入练习过程并兴致勃勃地与同伴互动、相互观摩，自觉地进行合作练习。

④交往状态：学生在学习过程中是否能相互帮助、互相合作、虚心听取他人的意见、尊重同伴的指导，是否主动交流、合作并愿意共同解决问题。

⑤认知状态：学生的学习是否有效，能否围绕学习的内容积极思考、不断改进

提高，能否用自己的语言阐述领悟的观点，修正推论学习上出现的错误。

⑥生成状态：学生是否能从学习中获得满足、成功和愉悦等积极的体育体验，获得学习效果。

（2）为什么学生的学习方式是体育教学内容评价的依据？

学习方式昭示着课程的价值取向，受教育思想的支配。它是提高有效教学、为学习减负增效、教会学生学习的显著标志，是衡量学生知识尺度的具体表现形式。它既是一定教育理念的表现形式与作用方式，又是编织教与学关系的理性认识；对上承应理念的归属与界定，对下对接实践应用的效力与实现。这就是常讲的"关注学生的学习过程，实现教与学方式的转变，促进教学质量的提高"。

鉴于此，《体育与健康课程标准》指出，传统教学以"授—受"的接收方式为主导，这种单一的学习方式制约了学生创新发散思维的养成，难以满足 21 世纪人才发展的需要。对此不足，新学习方式倡导多元学习，以发现知识、学会学习为论纲，要求学习过程既要有接受学习方式，也要有合作、探究学习方式与自主学习方式，发展学生学习的潜能。正如我国学者施良方先生所说："真正的学习经验能使学习者发现他自己独特的品质，发现自己作为一个人的特征。"因而，它是我们驻足评价的依据。

（3）为什么学生学习的成功是体育教学内容评价的依据？

在新课程背景下，学习欢乐不仅指学习兴趣和热情，还包括成功快乐的体验。正如我国学者张振华在《体育学习与培养》一文中指出，成功是学习与反应之间相对稳定的联结。体育教学实践证明，只有当学生收获学习成功时，才会主动学习。这告诫我们，单一、没有成功变化的学习环境会导致学习的抑制或减弱。诚如苏霍姆林斯基所说，建立学习跟知识之间的和谐，是学校面临的最重要的实际和理论问题之一。

心理学研究证明，教学内容的新颖性，教学方法的生动性，教学系统的有趣性、逻辑性、变化性可引发学生产生动机与高水平的求知欲。这一效果的扩散，决定着教学效果的强弱。为此，美国学者桑代克从有效学习方式对教学内容和学习过程提出了"效果律"，即学生的满意度决定学习的效果。如果学生对教师的传导或组织的学习结果是愉快的、满意的，享受到学习的乐趣，就会增强学习动机，激发出最大的潜力，提高学习志向水平。反之，如果教学经常让学生有失败或不愉快的体验，就会导致学习志向水平降低，使学生丧失学习信念。学者与教育家认为，学习过程中存在知与行的情感统一，如果我们在体育教学中只强调学生完成体育学习的任务，而不去追问学生的情感反应是不会获得成功的。因而，学生学习的成功应成为我们驻足评价的依据。

（二）体育课堂教学组织的评价

其一，学生运动技能的掌握与形成需要靠教学的组织练习来巩固与提高。教学实践证明，合理组织与适配体育教学技能与课堂设计，会使教学获得好的效果。因而，教学流程的合理组织与安排、教师教学施教与组织的能力就成为保证课堂教学顺利实施的关键。它是体育课堂教学的重要组成部分，在教学设计中显得尤为重要。根据要求，一是教学流程的组织原则要体现出由低到高逐渐递进的认识。在教学阶段的组织上，应由准备部分到基本部分至结束部分；在学习方式的组织上，由单一性练习到综合性练习；在教学方式的组织上，由个人练习到分组练习，既要符合人的心理机能活动变化规律，又要符合人的生理机能活动变化规律。二是教师施教与组织能力，要能促进学生认知的衔接、知识理解的巩固。教学组织与环境的设计要能引起学生的注意和兴趣，调动其学习积极性，要能为教学任务的完成创设有利的教学条件。

其二，心理学研究证明，一节课时中，学生的体能和思维的状态会经过三个阶段，即体能和思维的逐渐上升集中阶段、最佳体能和思维的水平阶段、体能和思维的逐渐下降阶段。根据这一规律，按照体育课堂教学的内容、时间、组织等之间的顺序与分配性，体育课堂教学可以科学地划分为准备、基本、技术三个有机联系的部分。教学研究证明，课程的各部分都有既定的任务、内容和组织教法的要求，只有按照这些特点去设计，才能获得好的教学效果。它是评价驻足的依据。为此，苏联心理学家加里培林指出："心理活动是外部物质活动向知觉、表象和概念方面转化的结果。这种转化过程是通过一系列的阶段来实现的，而在每一个阶段上都产生新的反映和活动的再现以及它的系统改造。"

1. 准备阶段的组织评价

众所周知，一般工作是从准备开始的，良好的开端是成功的一半。基于此，鲍里奇指出："开始的问题是引起学生对学习内容的兴趣和注意，如果学生没有发现所要学习的内容与他们的联系，反而把学生的注意力给分散了，那么这个开始就是无效的。"

因而，准备部分是体育课的三大组成部分之一。其目的是导入学习状态，衔接新旧知识，启发学生兴趣，说明教学目的，创设学习氛围，营造施教情境。基于此，其主要任务有三个方面：一是迅速将学生组织起来，明确学习内容和要求；二是按基本教材学习的要求，做好身体机能的准备活动；三是为基本部分的学习做好认知上的学习准备。这也就是说从心理上建立好学习状态，生理上做好热身，从教学内容上为主教材学习做好诱导性学习或辅助性学习的后续准备，导入学生从非学习状态进入学习状态的行为方式。

基于此，准备阶段的教学评价可围绕三个方面进行，一是课堂队伍的集合有没有快、静、齐，学生学习的注意力是否调动起来；二是课程的准备活动安排有没有针对教材的特点，选择适合的热身活动；三是为主教材安排的诱导性或辅助性学习有没有体现"寓教于乐"的游戏安排。

2. 基本阶段的组织评价

课堂教学基本阶段的任务是学习新知识、复习旧知识。恰如苏霍姆林斯基所说："教给学生能借助已有知识去获取知识，这是最高的教学技巧之所在。"其主要表现有三个方面，一是使学生掌握知识、技术与技能。二是围绕教材的学习属性，有针对性地提高身体素质。三是围绕教材教学的要求实施思想品质教育，即教学顺序的组织上，要做好由简单技能到复杂技能的学习层级递进；在学习方式的组织上，要做好由单一性练习到综合性练习；在教学方式的组织上，要做好由个人练习到分组练习；在教材教学上，要做好情感、态度与价值观的教育。

基于此，基本阶段的教学评价可围绕以下四个方面进行：

一是教材的安排是否符合教学顺序与组织，即一般应先进行新教材或复杂教材的学习，以及发展速度或灵敏性的教材学习，后进行容易引起兴趣的教材以及发展力量或速度耐力性的教材学习。

二是有没有围绕教材的学习属性，完成增强学生体质、发展技能和品德教学的任务。

三是学习方式的组织有没有贯穿多样化的集体性和个性化的练习活动，避免单一的练习导致学习转入抑制。

四是场地器材的设计是否符合教材理解属性情、趣、美的特点。

3. 结束阶段的组织评价

课堂教学结束阶段的任务，是使学生逐渐恢复到课前相对安静的状态，有组织地结束教学活动。其内容包括两方面：一是通过轻松的徒手放松活动、简单的舞蹈动作或游戏活动逐步降低运动负荷，恢复安静状态；二是总结本课堂情况，布置课外作业；三是收拾体育器材，宣布下课。

基于此，结束阶段的教学评价可围绕以下三个方面进行：

一是放松活动是否简约自然、不造作，有没有画蛇添足。

二是课堂小结是否体现以生为本的教育理念。小结要表扬先进、鼓励后进，归纳知识、加深记忆，启迪学生的身心升华与提高。

三是学生收拾体育器材有没有体现出安全和爱护器材的教育要求。

（三）教师教学能力的评价

组织学研究证明，能力是人们在做某一件事情表现出来的个性心理特征的总和。能力强的人做事效率与成功率就高，反之能力差的人做事的效率与成功率就会低。根据这一结论，体育教师是学校体育教育的具体执行者，其能力的高低直接影响与制约着教学效果。为此，对其能力的评价，一般可以通过体育教师讲解示范的能力、体育教师教法与组织的能力两个范畴进行评价。

1. 体育教师教学能力的评价

传播学告诉我们，体育教学活动过程其实也是一个教师与学生之间进行信息传播与沟通交流的过程。心理学研究表明，学生对知识学习的获得程度与教师的表达清晰度有显著的相关性。对此，我国教育家顾明远呼吁："我国师范生只注重理论专业知识的传授，忽视了教师职业技能的培养，导致许多年轻教师难以胜任教学工作，这是我国教师培养的症结所在。"为此，体育教师教学技能就成为体育教学能否成功的关键、体育教师能否上好课的关键。

基于此，体育教师教学技能的评价，可围绕以下三个方面进行：

其一，讲解能否清晰、简明、扼要，表达是否具有逻辑性，是否能唤起学生高涨的学习热情。

其二，肢体表达方面，动作示范是否正确、自然、优美，能否诱发学生的学习向往。

其三，能否根据教材需要有的放矢地分别展开不同向面的示范，让学生展开视觉和知觉活动，明确所学动作，为学生进入练习提供清楚而又正确的动作表象。

2. 体育教师教法与组织能力的评价

教学论指出，教法是达到教学目的、完成教学内容所采用的方式、途径、手段等的总和。教学组织则是对学习活动序列结构的表述与细化，是把教与学各种要素按学生认知特点、心理和生理活动规律的效应性，进行组合、分解，形成一定的学习步骤。因此，体育教师教法与组织的能力直接关系到教学效果的好坏。

基于此，体育教师教法能力的评价可围绕三个方面进行：一是教法的选择与应用是否符合学生的认知特点、心理和生理特点；二是教法的选择与应用是否符合教材的学习规定和顺序；三是教法的选择与应用是否符合教学的条件与环境。

对于体育教师组织能力的评价，可从以下四个方面进行：

其一，教材内容的组织是否符合感知、理解、巩固和提高的原则，体现由简单到复杂的过程，分解形成完整的逻辑递进。

其二，教学组织练习之间的匹配是否符合由单一练习到组合练习、由个人练习到分组练习的递进。

其三，教学的场地与器材是否符合教学内容呈现的需要，正确选择易用、实用的有效媒体和材料。

其四，教学组织能否按照动作技能的形成规律，正确适配课堂结构。

（四）体育课堂教学负荷的评价

体育学科与其他学科的差异性告诉我们，体育不是你思考的东西，而是你练习的东西，技能的收获是在练习过程中逐渐习得的。这也就是说，体育教学是以身体练习为基本手段，身体要承受一定的生理负荷和心理负荷。学生技能的获得、身体素质的增强，是与身体能量代谢的心理负荷和生理负荷相伴随的。因而，其练习的负荷性是课堂教学设计的最后落脚点，它是体育教学区别于其他学科最为显著的标志。鉴于此，合理的运动负荷原则就成为体育教学设计原则的重要组成部分及体育课堂教学评价十分重要的依据。该原则一般可分为心理负荷和生理负荷两个组成部分。因而，着力对其进行专门研究与探讨，对提高体育教学质量、深化教学改革具有十分重要的意义。

1. 体育课堂教学的心理负荷评价

体育课堂教学的心理负荷是指学生在体育课堂活动中所承受的心理负担，即学生在体育课堂活动中承受一定强度的神经刺激，会引起紧张与兴奋。为方便易行，一般从注意、情绪、意志三个方面予以评定。为此，只有理解和掌握体育课堂教学的心理负荷的层次与特点，才能做好体育教学，收到预期的教学效果。基于此，下面对其解析如下：

其一，根据体育活动与思维紧密结合的特点，利用学生的各种感觉器官和已有经验，使学生获得生动形象的表象和正确的动作概念。

其二，依据记忆认知的特点，借助动作示范、教具、图示和录像等各种直观的教学媒介的运用，增强教学效果。实验证明，人对有趣材料的记忆比无趣材料保持的时间长、遗忘慢，单一视觉记忆率为70%，单一听觉记忆率为60%，视听组合记忆率为80.3%。这一认知表明，多种感官的识记活动可取得最好的记忆效果。

其三，体育学习存有三个阶段，即思维认知水平由低到高渐进上升的阶段、思维认知水平集中保持阶段、思维认知水平由高到低渐进下降的阶段。只有按照这一规律实施教学，方可取得效果。

上述心理特点启示我们，体育教学可以分为三个阶段：一是运用多样化方法的展开学习，为学生提供分层学习的选择；二是教材优化、挖掘教学内容的情趣美，着力于教学过程生发学习快乐，促使沉闷的学习变得生机盎然；三是复现知、情、意、行多维知识面孔，让学生享有懂、会、乐的学习与体验。如苏霍姆林斯基指出："用环境创造的学习情境来丰富教育，这是教育过程中最微妙的领域之一。"

基于此，体育教学心理负荷的评价可围绕以下三个方面进行：

其一，教学组织安排能否点燃学生各种情感潜势（如激发学习兴趣、引发学习注意力等），形成有助于学习的情境，即每个练习都有新意，学生都能有所获，是否能体现无论教材的教法设计还是组织教学的安排与调控都关注于将学习主体情境与教学艺术的统一来类化学习。如多方面、多层次营造学习环境，激发学生运动兴趣，促进学习能力的形成，以不同练习的刺激性与新颖性使学生遗忘学习过程的枯燥性，为促进体育认知和情感的培养等奠定基础。对此苏霍姆林斯基指出："如果教师不想办法使学生产生学习兴趣就急于传授知识，那么只能使学生产生冷漠的状态。"

其二，教学负荷心理强度的安排是否符合学生的生理特点，能良性引起学习注意，打开认知门户。如小学生的学习处于具体运算阶段（7～11岁），在这个阶段，他们对"图示"运算还离不开具体事实的支持，在对他们的学习指导中语言要生动形象，多采用直观的方法，促使他们燃发学习愿望，形成学习能力。中学生的学习处于形式运算阶段（11～15岁），在这个阶段，个体已具备假设、演绎的抽象思维，即个体可以不受具体内容的束缚，可以通过假设推理来解答问题，教学要运用亲身体验、认知冲突、探究方式、游戏引导等支持、保持学生的注意。

其三，教材安排有没有挖掘内容的情趣美，着力于教学过程的组织体验，燃发学生形成运动体验的乐趣和享受成功的感觉，产生学习的意义建构，帮助学生完成学习活动。如我国学者田慧生所说："学生心理的气氛决定教学系统的成败。"

2. 体育课堂教学的生理负荷评价

根据人体机能的适应性规律等，运动负荷和休息是构成体育教学方法的两个基础方面。承受一定的运动负荷，是掌握体育技术、技能，发展身体，增强体质的重要因素。因而释义出，学生在课堂的技能练习是一个承受生理负荷的多指标、多层次、多因素的综合评定。为此，合理地安排学生身体练习的量和强度，使学生的身体既产生一定的疲劳，又能提高身体机能、完成技能的掌握，就成为衡量体育课堂教学质量必需的考虑和显著的标志。

基于上述理解，所谓体育课堂教学的生理负荷是指学生在课堂中练习时身体承受的生理负担，按其负荷性质分为"量"和"强度"。为了简便易行，学生外部练习的量一般用密度指标予以测量；学生身体负荷的运动强度指标，一般用"心率"

指数予以测量。需要根据教学任务、教材特点和学生实际，把握教学方法和手段及其代谢特点，选择相应的监控方法和手段，处理好量与强度的关系。根据负荷与恢复的关系，科学制定出课程的密度与心率指数的合理标准，按照一定的教学步骤予以科学设置就成为课堂教学评价的依据。对这一道理的理解，也就是教师常说的"汗""会""笑"。

基于此，体育教学生理负荷的测量与评价，可围绕以下三个方面进行：

其一，评定课的心率指数。计算公式一般用课程的心率平均数：课前的安静心率＝负荷量指数。1.4～1.8 是体育教学负荷有功效时的心率区，低于或高于皆为不合理。

其二，评定课的练习密度指数。所谓体育课的密度是指教师在课程中讲解示范、纠正错误、组织练习、调动队伍等教学行为所占用的时间与学生学习行为的各项活动时间的比例。其目的是通过测量课程的密度，避免教师过多地占用上课时间，影响学生练习的时间，最大限度地给予学生活动练习时间，即常讲的"教师教学活动时间占1/3，学生学习活动时间占2/3"。不符合这个标准即为不合理。

其三，体育课的心率曲线形态。所谓体育课的心率曲线形态是指学生在一堂课的练习中机体承受运动负荷刺激后，心理机能所呈现的心率曲线形态。根据课程的性质其规律可分为马鞍形、前山峰形、锯齿形和后山峰形四种。受场地器材与教材性质的限制，体操与武术等课的心率曲线一般呈锯齿形。课程的心率指数难以上升，一般心率指数在 1.4 左右。建议课程的后半部分安排一定的体能练习，予以补充提高负荷，效果较好。篮球与足球等课程的心率曲线一般呈马鞍形或山峰形，心率指数保持在 1.6 左右较好。如果课程的性质是新授课，建议课程的后半部分安排一定的体能练习，予以补充提高负荷，效果较好。田径与体能素质课的心率曲线一般呈后山峰形，前大后小，建议大肌肉群性质的活动、快速练习性质的活动放在课程的前半部分，力量、耐力、小肌肉群性质的活动、柔韧性练习的活动放在课程的后半部分。

上述体育教学负荷告诉我们，体育课堂教学是遵循体育技能形成规律、人体生理机能变化规律，实现"体育学习的成功，是在技能练习过程中逐渐习得"的经历，理解知识、体验学习的成功与曲折，感受技能建构过程获得的喜悦。它也是遵循人的心理机能变化规律、人的认知规律，实现"感知教材、理解教材、巩固知识、运用知识"的经历，实现思维的发展、智力的培养、意志的锤炼、品质的塑造。教学实践表明，只有将科学的理论和方法与教学经验有机地结合，从这两个方面把握才能有的放矢，才能有效地完成教学任务。正如夸美纽斯所说："教师不仅要精通语言和科学，还要懂得怎样使学生最容易、最牢固地掌握。"

三、体育课堂教学评价的类型与应用

按教学评价的不同目的、作用及类型来划分，教学评价一般有诊断性评价、形成性评价和终结性评价三种类型。

（一）诊断性评价

诊断性评价又称为准备性评价，是在教学活动开始之前进行的一种评价。它主要是对教学环境及学生各方面的情况做出评价，并据此进行教学设计。其涉及的内容有三方面：一是教学所要完成的任务与相应的教学要求；二是学生前期的知识储备与教学的可接受性；三是学生的性格特征、学习风格、能力倾向及对本学科的态度，身体素质状况及家庭教育情况等。这里需要注意的是，教师进行诊断是为了促进学生的学习，而不是为了给学生贴标签。诊断性评价的目的是设计一种可以排除障碍的教学方案，识别学生最高和最低的学习能力，把它们分置在最有效的教学序列中。根据这两个方面得出的结果，从认知、技能、情感和应用四个方面检查教学目标是否定得太高或太低，教学内容选择是否恰当，教学方法是否适合学生的水平及兴趣，教学组织形式是否适合学生的认知特点等。

（二）形成性评价

形成性评价又称为过程评价，是对学生在学习过程或教学活动中产生的行为评价，以学生的个性发展与主体意识的提升为评价对象。形成性评价的主要目的不是甄选优秀生，而是发现每个学生的潜质，完善和改进学生的学习行为，提供反馈，以便为今后的学习与成长做好充分的准备，保证每个学生能达到课程与教学计划的要求。心理学的研究成果和教育实践经验表明，教师经常向学生提供有关发展的信息，可以促使其更好地成长。就形成性评价的设计与实施来看，需要注意的是反馈一定要伴随针对性的方法措施方才有效。

（三）终结性评价

终结性评价又称为结果评价，是对某一相对教学阶段或整个教学完成的结果做出的评价。终结性评价比较少，一般是在学期中或学年结束进行。终结性评价要立足于全面，倡导主体的多元化和评价标准的差异性，不可窄化为学业评价。不仅要关注学生的学习结果、学习方式等显性因素，更要关注学生的兴趣、学习方法、认知风格以及情感体验等内隐因素。教师应为学生提供前进的目标和发展方向，应尊

重学生的差异，为他们建立弹性的评价标准，允许学生有不同的发展方向和发展速度，改变传统只重视结果而不重视过程的评价弊端。

综上所述，教学目标评价与教学诊断评价是一种用以确定学生水平和教学有效性的方法。教学评价作为一种矫正系统，一是用于评价教学的终极目的，为学生的发展找到一种理想的方式；二是诊断教学过程中的每一个步骤是否有效，如果无效，采取什么变革，以确保过程的有效性。因此，教学评价既是一个教学过程的结束，又是一个教学过程的开始。它不仅可发挥预测、监控功能，又对教师教学的改进与完善提供了可靠的依据。实践证明，教学评价是完善教学系统不可缺少的重要环节，是推动教学活动质量不断提升的重要手段。因此，一个教师的教学水平如何，关键取决于教学评价的反馈。对其的掌握有助于教师实现学校体育培养目标和课程目标，也有助于教师正确评价教与学的效果。正如梅瑞尔认为，教学系统设计理论由三个要素组成：一是关于学习的知识和技能的描述性理论；二是促进学习的教学策略的描述性理论；三是把学习结果和策略联系起来的规定性理论。

第七章

体育课程在线教学探究

第一节　高校体育课线上和线下课程的优劣势比较

一、高校体育课程教学的特点

（一）当前高校体育课程的基本架构

当前高校体育课程体系的构建都是建立在校园网上的，校园网支持体育网络的线上教学，构建了不同的体育网上教学模块。

第一，在校园网的主页上设置一个单独的模块展示体育教学内容。通过体育主页为学生介绍体育教学、体育教师人员构成、群体活动介绍、体育运动竞赛、体育场馆设施使用情况和体育科研成果。校园网内的体育模块为学生展示了不同体育活动的教学课件、精彩赛事的讲解剪辑、体育运动图片、各类运动的裁判规则、体育训练自我保护要领、身体保健知识等内容。校园网的体育主页上可以发布体育竞赛，号召学生积极报名参与，同时还可以公布人员获奖情况，展示学校的体育运动实力。

第二，在校园网上构建体育教学资源分享的素材库。不同的体育教师整理素材内容，在互联网平台上整合体育项目文字、图片介绍、精彩赛事讲解等内容，还可以在素材库内分享体育专业人士的解读。体育教师在设计在线课程的时候可以根据本节课的教学目标查阅教学素材，按照在线课程的教学设计优化课程讲解的逻辑性以及连贯性，突出在线课程教学的层次，将体育理论与体育实践结合在一起，将体育保健理论、比赛规则、技术讲解、动作要领、精彩赛事剪辑按照一定的逻辑展现在课程中，丰富体育网络素材库，辅助体育教师搜集素材优化课程的设计。

第三，在校园网上构建体育社团和论坛。网络平台上可以推行体育社团的方式组织学生践行在线课程中讲解的体育实践技巧，以团体运动的方式吸引学生积极实践，引导学生锻炼和提升自我身体素质。在体育社团构建和组织的过程中，校园网上公示社团简介、社团规则、成员组织、社团经历、社团赛事，在社团的主页上为学生链接各类不同赛事的网址，使得高校学生可以通过链接进入专题的体育网站中加深对于体育规则的认知和了解。为了打开与学生之间的沟通，高校体育教师设置了评论论坛，方便学生随时发表自己的意见；体育教师还可以在论坛上打开一个话题，引导学生讨论和发表自己的观点，分享自己参加体育活动的真实感受。在体育论坛上，体育教师可以鼓励学生随时发表意见、提出问题，激发高校学生对体育赛事、体育活动的热情，在校园内创建良好的运动氛围。

（二）当前高校体育课程的在线课程需求

首先，对于体育课程的优化，教学过程要更加有效。教师依托网络技术进行体育资源的深度挖掘，运用教育辅助技术将传统的体育理论与专项理论结合在一起，激发学生兴趣的同时提升在线课程的教学效率。例如，在线课程的野外生存健身课程中，既向学生体验健身理论，又全方位地为学生展示任何时间、地点、任一环节如何进行健身活动，重复、跳跃地为学生展示体育健身活动，提升在线课程教学的有效性。

其次，体育在线课程的设计要激发学生课下参与体育运动的积极性。体育教学的最终目的是增强学生的体质。在网络教学的时候教师无法及时、全面地对学生进行点评，教师要在优化在线课程教学的时候强化自身对于学生的影响，引导和鼓励其在课外时间积极投身到体育运动中，让学生对体育理论的理解不断加深，身体素质锻炼和能力渐进提升，真正地认识到健身活动和课余的锻炼对其身体健康以及长远发展的重要意义。在网络教学中体育教师要培养学生的行为习惯，激发学生体育锻炼的自觉性，让新型的教学模式与增强体质联合在一起。

二、在线课程与普通课程教学的比较

（一）课程形式比较

传统的体育课程在操场内组织进行，课程形式比较单一，体育教师在课堂中为学生讲解体育活动和注意事项，给学生自主的时间践行体育运动，体育教师对于学生的课堂行为无法全面掌控。当指导单一学生动作问题的时候，无法引起其他学生的重视。普通体育课程教学形式的教学效率低下，体育课的教学频率不高，教师对学生的影响力不强，无法引导学生养成良好的体育运动习惯。

体育在线课程借助信息技术优化教学形式，多元地引用教学资源。在线课程内可以引入各类运动专家的专业讲解和动作演示，满足不同学生对于体育运动的参与续期。在线课程的教学形式突破了时间、空间上的限制，可以针对性地解决学生在运动中出现的问题，并提醒所有的学生规避类似的问题。

（二）授课模式比较

普通体育课的授课只能单向讲解的方式，体育课的活动形式以及教学风格受这一体育教师的支配，学生在课堂上只能体验教师的语言和教师为学生展示动作，授课的方式比较单一。同时，学生在体育课上所获得的知识以及体验到的教学风格也是单一的。

体育在线课程的教学可以集合各种教学资源，通过图片、视频、音乐等多种形式为学生展示体育知识。体育教师在在线课程设计的过程中从学生的需求出发展示学生喜欢的体育明星，观看体育赛事，在课堂上调动学生的情感，有助于全面激发学生对体育运动的兴趣。

（三）学习方法比较

在普通的体育课上，学生只能按照体育教师的思路模仿教师的动作技巧，在模仿中学习，在体育课的有限时间内做自我练习。普通课堂中学生的学习受到时间的限制，学生往往不会产生学习热情，课外时间投入体育运动的时间非常少。

在线课程中学习方法多样，学生可以随时、随地参与体育学习。学生接触的体育学习资源也是非常多的，可以借助计算机 VR 技术、物联网技术等多感官地进行体育学习以及体验，有助于扩大学生的体育运动体验，让学生在多元资源的辅助下理解体育运动，产生不同的兴趣。

（四）课程资源比较

普通的体育课程中所运用的教学资源与体育教师有着密切的关系，体育教师受到专业能力的限制，安排的课程教学内容有很大的差别。例如教师擅长篮球，在讲授乒乓球知识的时候会稍显不足。体育教师在不同的专业领域搜寻到的教学资源也是有很大的差别。

体育在线课程所运用的教学是非常丰富的，体育教师对于自己不擅长的领域可以在线上连线其他的体育专家，还可以在讲解体育动作技巧的时候为学生展示动作在精彩赛事中的运用。对于难度较大的动作，教师还可以利用 Flash 动画的方式进行动作的慢放以及拆解，使学生可以更详细地体会体育运动。体育教师搜集互联网上多元的教学资源，借助信息技术向学生展示，使学生的印象变得更加深刻。

三、在线课程在高校体育课程中应用的必要性和可行性

（一）必要性

在信息时代的发展背景下，远程教育平台应运而生，体育在线课程的应用有效克服传统体育教学的瓶颈，也是当前体育教学改革的重要方向。

在体育教学改革的过程中，引入信息技术，搭建技术系统平台，综合体育社会化与社会体育化，构建一个综合的培训平台，全方位地吸引学生养成良好的体育锻炼的习惯。通过网络技术的应用以及网络环境的塑造，体育教师可以为学生构建一个交互式的学习环境，既可以开发体育教师的教学设计思路，又可以丰富学生的体育学习体验，充分发挥体育教学的功能。在网络技术的辅导下，体育教师还可以有效跟踪和管理学生的体育学习进展，针对性地为学生制订运动训练的计划。与传统的体育教学方式相比，互联网的体育教学更有针对性，有利于创新学生的体验，辅助学生养成良好的体育锻炼的习惯，建立正确的成长意识。

（二）可行性

第一，体育在线课程可以直观地展示体育动作、体育知识。体育教师对于难度较大的动作无法亲自展示，许多的高难度动作一气呵成学生却无法细致观察，借助网络技术的方式可以将高难度的动作进行慢放以及 Flash 动画讲解，清晰地呈现动作要领，不再是以空洞的语言或文字为学生讲解技法。通过借助在线课程的方式，教师利用微格教学法进行教学指导，分析和讲解技术动作，让学生循环播放，强化学生的自我评价以及集体评价，有助于教师了解学生的想法，提升体育教学的效果。

第二，体育在线课程借助互联网平台强化教师与学生之间的双向交流。在线课程上可以运用实时交流的通信工具，做好互联网资源的共享，及时沟通体育教学的效果。在远程互联网技术的辅助下，教师与学生实现双向交流，克服了以往沟通中的障碍。加强实时反馈系统的搭建，有助于教师深度了解学生对于体育运动的学习需求，做好针对性的教学完善。

在体育在线课程设计以及推广的过程中，体育教师可以根据学生的体育运动需求搭建一个个性化的学习空间，体育教师围绕教学目标、学生反馈以及运动类别进行个性化内容的推送，使体育教学突破时间与空间的限制，将学生放在体育课堂的

主体地位上。从学生的兴趣出发推送体育运动的内容，打破传统课堂的束缚，强化学生的理论学习与运动实践结合在一起。

第二节　在线课程在高校体育教学中面临的挑战和对策

一、在线课程在高校体育教学中面临的挑战

（一）教师队伍对网络电子化的不熟悉问题

对于该问题，教师队伍可以通过统一的培训进行学习教育，毕竟高校教师是通过计算机等级考试，对网络常识有基本的认识。

（二）学生上课场地和环境问题

体育课程中多数项目对场地与环境有要求，在线课程的上课场地是学校和教师需要克服的难点。

教师在课程设计时更合理且巧妙地安排运动动作，尽可能多地设计身边可利用的场地及道具进行教学设计。学生可以在宿舍或家里通过在线课程观看教学的动作，尽量在宿舍和家里练习。如果必须使用公共场地的，学校应该提供相应的设备，灵活安排场地。每所高校的场地与环境都有所不同，教师队伍中应当互相交流探讨。

（三）师生互动的问题

高校体育课程一般每次上课的学生人数为 20～40 人。面授教育一般会让学生排列整齐的队伍，教师非常容易观察学生的动作是否规范与到位，而在线上课程观察学生的反映时则较为困难。

由于教师无法同时间观察屏幕上的多个学生状态，可以让学生的临摹动作与练习作为课后作业，让学生拍摄成视频发送给教师检查与纠正。

（四）运动量的问题

体育课程中速度、力量和高度等单位是较为常见的计量单位，线下教育中，教师对学生的运动量起到极大的监督作用，而在线教育时，运动量的检测难以及时进行督促与调整，这就需要学生的自觉配合，对于学生的自觉性是极大的挑战。

二、在线课程在高校体育教学中的运用对策

（一）体育在线课程设计应当遵守的原则

第一，体育在线课程的设计要将学生放在课堂的主体地位，发挥体育运动的自主性，给学生构建发挥和成长的空间，使得学生在参与体育运动和学习在线课程的过程中产生兴趣。因此在构建体育在线课程的时候要营造有利于学习的环境，激发学生的自主性。

第二，体育在线课程的设计要引入多元的活动，将体育理论与线下运动融为一体，引导学生建立理论付诸实践的技能，在线课程的设计要让学生将知识转化为技能，积累体育运动的经验。因此，体育在线课程的内容要多元化设计，线上线下相结合，创建最佳的学习体验。

第三，体育在线课程的设计要互相协作，体育在线课程的教学要增强师生之间的沟通，在线课程的设计要多元调动学生的思维，有目的地进行网络资源的搜集以及吸收，加深学生的记忆，让学生在观看在线课程之后保持兴奋性，互相协作在线下参与体育活动，既可以培养学生的团结协作的精神，又可以提升学生问题分析以及解决的能力。

（二）基于学生的需求优化体育在线课程的设计步骤

体育在线课程是一个远程教育教学平台，有助于突破传统体育教学中存在的局限性。体育在线课程不单单是一个简单的纯粹技术平台，而是要融合体育社会化和社会体育文化的内容。体育在线课程在设计和推广的时候需要注重创造交互式的学习环境，使得体育教师可以运用更多丰富的教学手段，将更多与体育有关的内容呈现在学生的面前，借助网络教育技术的表达方式，体育教师可以展现体育学科更多的功能，有效地跟踪学生的体育学习和运动的效果，引导学生加深对体育运动的认可。

在设计体育在线课程的时候，课程设计包括体育教学前期分析、教学目标分析、教学内容与体育资源设计、教学策略与活动设计和学习评价设计。体育远程教学可以根据体育学科的特点进行在线课程的设计，体现资源的丰富性和广泛性，在课程技术指导的过程中进行更有效的指导以及支持的作用。在体育课程设计的时候，构建轻松的网络环境，所设计的在线课程内容要符合网络的特点，既有体育教师和学生对于网络体育学习的需求，也能充分发挥网络学习的优势，打破传统体育课堂中存在的不足。

在进行体育在线课程设计的时候，体育教师要重点做动作技能的解析，即根据动作特点调动学生各方面的身体感觉和知觉，从各种感官体验出发强化认识和记忆，激发学生的体育运动兴趣以及各类情绪状态，为此体育教师可以在在线课程中加入艺术处理，运用一些具有艺术美感的页面、生动的视频图像、趣味的设计体育动作细节，取代传统体育课堂中语言表述存在的不足。

（三）丰富体育在线课程的模块功能

以校园的网络资源进行教学资源的优化整合，体育在线课程的设计要打破地域和时间的限制，将体育在线课程的设计划分为课堂教学和课外教学两个组成部分。在网络课堂教学的时候进行体育基础理论以及专项基础理论的讲解，体育教师在网络空间上进行组织和指导，在整理课外的网络素材时定期组织学生参与体育活动，分为以下几个部分内容：

1. 体育网站系统

学生在网站上学习和了解体育理论，教师在课堂教学中检验学生对于体育理论和体育卫生保健知识的学习情况。在网上平台学习的过程中，学生可以自主地选择想要了解和学习的内容，例如运动处方、运动小常识等理论知识；还可以设置问答环节让学生与体育教师随时互动。

2. 体育资源素材库

学生可以在在线课程平台上进行知识内容的选择，包括体育课程、体育素材、智能检索、教学研究、在线交流、网上调查等部分。在素材库内体育教师可以根据学生的兴趣和需求准备不同类型的体育赛事、训练要领、体育新闻、赛事点评等内容，学生可以基于自我的意识和兴趣进行探索和理解。

3. 线下体育活动组织

基于网络技术吸引学生参与到户外的体育运动中，借助计算机技术测评学生的体育运动情况，例如运用计算网络系统跟踪和管理学生在户外运动跑步的路线、时间的跟踪和记录。在线课程鼓励学生利用业余时间进行健身时间和健身活动的参与。

（四）体育在线课程的教学安排优化措施

体育在线课程的教学方式打破了传统教室和操场的限制，体育在线课程的教学地点是在互联网平台上，学生可以通过各类移动终端参与在线课程的学习。对于户外的运动，学生可以根据自己的兴趣选择喜欢的运动类型，通过计算机技术上传自我的运动轨迹、运动情况以及身体数据等。体育教师可以根据教学的需求随机地选择教学地点，也可以在相应的户外地点进行运动技巧的展示，还可以在教室或者是专业的体育场所进行理论知识的讲解，具有很强的灵活性。

体育在线课程的教学时间相对灵活，教师可以在不同的天气时节为学生讲解体育运动保健的知识，也可以根据运动时点选择教学讲解的内容，例如教师在世界杯期间为学生讲解足球比赛的运动规则。在网络平台上，教师根据学生的体育运动兴趣以及需求选择教学时间。基于在线课程平台，教师与学生可以随时交流运动的心得，给出运动指导建议。

体育在线课程教学采用远程教学的方式，既可以采用实时远程教学，又可以采用按需点播的远程教学。其实实时远程教学是体育教师通过语言和课件的方式实时互动，打破地域的限制。按需点播的方式是体育教师整理体育学习资源，学生可以通过互联网和各类移动设备随时参与，按需检索，观看体育视频。借助这一教学模式，教师还可以在线进行答疑、作业、测试、交流等。

体育在线课程中教师还可以制作多媒体课件进行教学，多媒体课件制作可以融合文字、图片、动画等资料，通过多媒体课件的制作丰富地为学生展示体育知识，强化体育知识的宣讲。

体育在线课程的数量可以根据学生的需求进行安排，学生可以与传统的课程的上课频率一样。体育教师对学生最近运动中遇到的问题进行汇总解答，一对一地进行指导。对于网络的点播课程，体育教师可以根据体育热点以及学生的兴趣点进行点播课程的更新；对于户外运动的跟踪，教师要依照学生的身体素质、运动规律以及运动喜好进行日常运动行为的跟踪以及分析，随时跟进学生运动习惯的养成。

在网络平台上，教师通过互联网实时沟通的工具与学生交流体育运动的心得。在互联网沟通的过程中，体育教师了解学生的兴趣，从学生的兴趣点出发进行在线课程教学内容的设计，深度挖掘学生的运动兴趣，了解学生运动中的感悟，增强彼此之间的互动，创新更具有针对性的体育在线课程教育。

教学评价是体育教师对教学过程和教学结果进行综合判断，是在线课程推广最重要的一个环节。体育教师要对学生的具体体育学习表现进行综合的点评，使学生得到一对一的指导；借助互联网平台，教师可以有更多的机会了解每一个学生，对每一个学生给出中肯的点评。在互联网平台上，教师还可以组织同学之间的互相点评。对于体育运动和体育习惯的养成，同学之间可以分享和交流。在互联网平台的辅助下，教学评价可以全方位展开，评价更深入，对学生的帮助更全方位。

第三节　在线课程在高校体育课程中的应用
——以"体育在线课程线下刷卡健身活动"为例

一、课程实施

（一）课前备课

体育在线课程的设计以及推广旨在培养学生的体育运动习惯以及建立正确的运动意识。在课前准备的阶段，体育教师要调查和了解学生对于课外健身活动的需求，认识到学生在课余时间很少主动参与课外运动，缺少教师的监督使学生偷懒的现象非常严重。基于对学生的了解，教师在设计在线课程的时候将运动技巧与课外建设监督管理融合在一起，利用计算机网络管理的"刷卡制"开展户外运动，鼓励学生安排时间进行建身活动。体育教师设计配套的在线课程为学生讲解如何规划健身的时间、健身计划，还可以通过实时沟通的方式指导学生存在的动作问题。教师在课程中宣讲健身打卡的规则，指明课外运动的方向，并对学生的运动过程进行监督。

（二）课中授课

教师利用在线课程的互动工具随时与学生沟通，回答学生提出的问题，并在讲解在线课程的时候将运动技巧动作制作成分解的静态图片，还可以利用 Flash 动画的方式进行动作的动态展示，对健身的动作进行连贯性讲解，加深学生对动作的认知，便于学生模仿。

利用学校的网络平台进行运动时间和运动轨迹的跟踪，学生开始运动时点击"开始"，在健身的过程中计算机系统检测学生的身体数据，在线课程中还制定定点打卡的地点，录制动作视频便于教师观看和指导。体育教师根据计算机系统显示的结果进行学生运动时间、身体素质、动作技巧的观察，针对学生的表现给出点评。

（三）课后评价

课后点评的环节是体育教师对学生一段时间的运动数给出点评，对学生的动作规范性以及身体素质数据的变化给出客观的评价和点评。

课后评价还可以使用小组点评的方式，教师组织学生以组会的方式鼓励学生分享运行的心得，互相点评小组成员的运动习惯，互相监督辅助小组成员养成良好的健身打卡的习惯。

二、在线课程在高校体育课程中应用的反思

（一）遇到的主要问题

首先，教师无法了解学生的课后掌握情况。多数的体育教师将在线课程教学当做传统教学的延伸，安排学生通过网络自主学习，而很多对于体育没有兴趣的学生由于缺乏自觉性只是简单地观看在线课程视频，仅通过网络的方式得不到运动的启发，体育教师对于学生的运动指导往往是滞后的，会导致学生的动作不规范而受伤，无法实现体育教学的实时性。

其次，体育网络素材整理不规律。学生在网络平台上得到的素材是多样的，但是学生普遍缺少信息分类的能力。面对多样的体育资源，学生在没有教师指导的情况下不能吸收教学素材，最终导致丰富的体育教学资源无法对学生的体育运动习惯养成做出贡献。

最后，体育在线课程的教学不能顺利转化学生的行为习惯。学生对于体育运动有兴趣，但很少可以在实际生活中践行体育运动。学生喜欢和享受线上欣赏体育赛事和参与体育评论，却没有自主性亲身实践体育运动。体育教师通过网络无法切实监督和引导学生养成良好的体育运动习惯。

（二）在线课程的优缺点评析

体育在线课程的教学形式可以打破时间和地域的限制，体育教师通过各类教学资源的搜集以及整理，让高校学生从多个角度认识和体会体育运动的魅力。体育教师从在线课程的方式与学生产生实时互动，实时了解学生的体育运动现状，给出针对性建议。体育教师还可以在网上分享体育资源的过程中了解学生的运动偏好，为学生推送针对性的体育引导资源，让学生更深入地学习和掌握体育知识。

体育在线课程的方式让教师和学生的交流存在一定的滞后性。教师在网络平台上为学生讲解了动作技巧，却无法全方位地观察和了解学生的执行情况。只能通过学生的课后反馈来了解学生的执行情况，因为动作指导不及时容易造成学生运动和保健不规范，在一定程度上打击学生体育运动的积极性，也影响了学生的健康成长。除此之外，体育教师要花费大量的时间进行体育教学资源的搜集和整理，制作成吸引人的在线课程，这给体育教师的信息素养提升带来了较大的挑战。同时，体育教师对于学生的运动情况关注和跟踪精力将受到一定的影响。

在线课程是现代教育的最重要成果，是信息技术在中国教育界运用的重要领域。在线课程功能集合了网络技术、多媒体技术以及数字技术，既可以在网络教学的过程中实现教育资源的一对一服务，为学生带来丰富的学习内容，给学生构建自主学习的空间，也让学生体验全新的教学环境以及新颖的教学手段。

在线课程的构建在多种技术手段支持下，借助互联网平台对网络上丰富的音频、视频、动画、图像以及文字资料进行整合以及共享，革新传统的课程教学方式，充分发挥以下几个功能：

第一，在线课程在互联网平台上具有传播速度快、共享性强的功能。在线课程在互联网平台上进行资源共享，融合学生感兴趣的内容吸引学生的注意力，激发学生的兴趣，使学生在兴趣的驱使下利用自己的闲暇时间进行自主学习。在互联网的平台上，学生拥有了自主的空间，自主地进行知识的思考，将不懂的地方和产生的问题记录下来或者发表在留言板上；同学之间在互联网平台上互相解答问题；教师也可以了解学生在在线课程自主学习过程中的所思所想。借助在线课程的交流方式，教师可以与学生建立特殊的沟通交流渠道，从一个新的角度去了解和认知学生。

第二，在线课程在推广和使用的过程中就有交互性强、学习方式和交流方式便捷的功能。通过在线课程学习的平台，学生可以随时参与知识的学习，随时与相关的人员进行知识的讨论，借助网络平台学生可以打开心扉与认识的或者是不认识的人进行学习心得的沟通。在互联网平台上，学生可以根据自己的知识吸收和掌握的情况随时进行学习进度的安排，在根据网络教育课程内容制订学习计划，做好时间的科学规划，并从知识掌握的情况出发进行知识复习以及巩固，并不会在传统的课程学习中让学生花费大量的时间反复进行相同的工作，这对于学生的学习能力以及学习自主性的提高有很大的帮助。

第三，在线课程在设计推广的过程中就有虚拟性和时空跨越大的特性。在传统的课堂教学中，学生和教师共处同一教室，教师往往采用灌输式的方式让学生在有限的时间内获得最多的知识，遇到重点和难点知识，教师还要反复讲解，这对于教师来说也是巨大的工作量。但是在线课程的方式让学生对虚拟的在线课程有更灵活的应用，学生面对不懂的知识点可以随时进行在线课程的回顾，既让学生体验了完全不同的学习环境，又让学生自主学习能力得到了锻炼，对于提升学生的学习效率有很大的帮助。

第四，在线课程可以集合网络上丰富的课程资源。学生可以从多个角度进行知识学习，当前网络平台上具有丰富的信息资源，教师在设计在线课程的时候可以将文字、图像、视频融合在一起，以更加直观的形式呈现在学生的面前，丰富学生的学习体验，既可以减轻教师的教学压力，又可以让学生的学习效率得到提升。

第五，在线课程的设计满足学生个性化的学习需求。学生可以根据自身的学习现状进行学习时间、学习进度的安排，不再仅仅局限在传统的课堂中，而是发挥和激发学生的自主性，让学生在网络平台上依照自己的兴趣以及自己学习的薄弱点进行学习内容的选择。个性化的学习方案安排可以满足学生的个性化学习需求，让其根据自己的学习方法和学习需求进行合理和针对性的安排，既给了学生自主决策的空间，又让学生的自主学习能力得到提升和进步。

总之，高校体育教师要更新自我的信息素养、加强自我学习、优化自我的网络教学能力，推动网络教学引导高校学生多元化地认识体育运动，在教师的指导下养成良好的体育运动的习惯。

高校体育教师借助互联网资源搜集多元的教学资源，完善高校体育在线课程的教学体制，并客观地完善教学评价体系，建设综合性的体育在线课程教学和评价体系，提升高校体育教学质量。

高校体育在线课程设计与推广要突出体育的专业特色，融合多样的教学资源，有效激发学生的学习兴趣。从课外实践和体育理论教学出发进行多元体育在线课程的开发，激发学生的运动和学习的兴趣。

随着网络技术的优化以及逐步发展，网络教育体系给体育教学带来了机遇和挑战。体育教师在优化的过程中转变传统教学方式，给予学生更多的时间以及空间自由，让学生在自主学习的空间内正确地认识体育学科，养成良好的体育运动的习惯。在体育在线课程教学的过程中，未来的体育教师要引用更多的网络技术优化学生的体育学习的体验，如引入 VR 虚拟技术、大数据技术以及云锻炼等技术方式丰富学生的网络体育课程学习体验，有效引导学生的成长，为其综合学习能力提升奠定良好的基础。

参考文献

[1] 柴娇, 周登嵩. "建构主义"学习理论在体育教学中要深思慎用 [J]. 北京体育大学学报, 2005, 28 (8): 3.

[2] 常伟, 宋清. 我国高校体育教学改革探讨 [J]. 中国成人教育, 2015 (17): 2.

[3] 陈海啸. 高校实施俱乐部型体育教学模式研究 [J]. 体育与科学, 1998, 19 (3): 4.

[4] 陈琦. 对体育教学改革问题的思考 [J]. 体育学刊, 1998 (2): 2.

[5] 陈琦. 关于我国体育教学理论创新的思考 [J]. 体育学刊, 2000 (5): 5.

[6] 陈雁飞, 董文梅, 毛振明. 论体育教学方法的概念和层次 [J]. 天津体育学院学报, 2006, 21 (2): 3.

[7] 程杰. 我国高校体育教学现状及改革设想 [J]. 上海体育学院学报, 1999 (3).

[8] 程杰. 学分制下的高校体育教学改革 [J]. 北京体育大学学报 (1): 97 – 99.

[9] 邓小勇, 王建华. 体育教学内容体系构建的理性思考 [J]. 体育与科学, 2004, 25 (3): 3.

[10] 樊临虎. 关于现代体育教学组织形式的研究 [J]. 北京体育大学学报, 2005.

[11] 樊临虎. 山西省农村中学体育教学现状与对策研究 [J]. 中国体育科技, 2001 (9): 3.

[12] 冯晓丽. 体育教学方法分类研究 [J]. 体育科学, 2004, 24 (1): 3.

[13] 冯悦民, 江翠萍. 体育教学中德育教育的内容, 途径, 方法 [J]. 上海体育学院学报, 1997, 21 (1): 2.

［14］高嵘，李书玲．试论体育教学方法改革的基本理念［J］．首都体育学院学报，2003，15（1）：3.

［15］龚正伟，黄超文．现代教育技术与体育教学［J］．北京体育大学学报，2001（4）：3.

［16］郭海玲，张建超．体育教学观念的更新与体育课程改革［J］．体育学刊，2003，10（4）：3.

［17］韩秋，苗文庄．普通高校体育教学评价方法改革研究［J］．天津体育学院学报，2005，20（5）：3.

［18］胡玉华，朱小毛．体育教学中运用拓展训练提高大学生心理素质分析［J］．上海体育学院学报，2006.

［19］黄力生．高校体育教学改革要以终生健身思想为指导［J］．体育学刊，1995（3）：3.

［20］黄敏，陈英军，李亚莉．人性化视野下高校体育教学改革的现状与展望［J］．体育学刊，2011，18（5）：4.

［21］霍军．体育教学方法实施及创新研究［J］．北京体育大学学报，2013（1）：7.

［22］金晓阳．体育教学环境的概念、特点及其调控［J］．武汉体育学院学报，2002，36（6）：2.

［23］雷继红，贾进社．我国高校体育教学模式现状及其发展趋势［J］．西安体育学院学报，2006，23（3）：4.

［24］李翀．试论体育游戏与体育教学［J］．北京体育大学学报，1998，009（003）：64－66.

［25］李静波，曹策礼．我国大学体育教学面临"扩招"的对策研究［J］．北京体育大学学报，2002，25（2）：3.

［26］李凌．试论高校体育教学与心理健康教育［J］．西安体育学院学报，2000，17（2）：3.

［27］李敏卿．"三自主"体育教学的实践与思考［J］．体育学刊，2008，15（12）：4.

［28］李敏卿．体育教学俱乐部模式的改革与实践［J］．体育学刊，2003，10（5）：3.

［29］刘海元，周登嵩．论体育教学指导思想及其提出的基本思路［J］．北京体育大学学报，2002，25（1）：3.

[30] 刘建坤, 王桂欣. 我国普通高校开展体育教学俱乐部研究文献的综述 [J]. 北京体育大学学报, 2005.

[31] 刘莉莉. 体育教学中学生心理素质训练方法 [J]. 上海体育学院学报, 2002 (S1): 2.

[32] 刘英, 黎臣. 健商培养与大学体育教学 [J]. 西安体育学院学报, 2007, 24 (5): 3.

[33] 刘玉海, 于建志. 浅谈体育教学中对学生兴趣的培养 [J]. 西安体育学院学报, 2000, 17 (2): 1.

[34] 楼晓娟. "健康第一" 指导思想对高校体育教学改革的影响 [J]. 上海体育学院学报, 2002 (S1): 2.

[35] 陆晨. 普通高校体育教学中学生创新能力的培养探析 [J]. 北京体育大学学报, 2002, 25 (3): 2.

[36] 毛振明. 关于体育教学模式的研究 [J]. 广州体育学院学报, 2000, 20 (4): 8.

[37] 彭文革. 休闲运动与体育教学 [J]. 体育学刊, 2001 (5): 3.

[38] 钱钧, 史兵. 高校体育教学中教学交往的缺失与建构 [J]. 体育学刊, 2010 (1): 5.

[39] 邱服冰, 田宝. 多元智能与体育教学及评价 [J]. 武汉体育学院学报, 2005, 39 (3): 3.

[40] 邵伟德, 王恬. 体育教学模式的分类与选用策略研究 [J]. 北京体育大学学报, 2004, 27 (7): 3.

[41] 舒盛芳, 沈建华. 健康第一、终身体育、素质教育与体育教学 [J]. 山东体育学院学报, 2004, 20 (1): 3.

[42] 孙辉. 试论日本的快乐体育教学思想及在我国体育教学中的运用 [J]. 上海体育学院学报, 1997, 21 (1): 6.

[43] 孙鹏, 王书栋. 论体育教学的有效性及其策略 [J]. 体育文化导刊, 2004 (1): 2.

[44] 孙再玲, 翟立武. "以人为本" 教育观对高校体育教学改革的启示 [J]. 体育学刊, 2003, 10 (1): 2.

[45] 佟铸, 李贵阳. 体育教学评价现状及改革趋势 [J]. 体育学刊, 2003, 10 (3): 4.

[46] 万文君, 黄智武. 高校体育教学网络课程的设计与开发 [J]. 北京体育

大学学报，2006，29（10）：2.

[47] 汪晓赞. 元认知—体育教学认知论研究的新发展 [J]. 体育学刊，2003，10（3）：4.

[48] 汪正毅，陈丽珠，金宗强. 21 世纪我国高校体育教学改革方向研究 [J]. 北京体育大学学报，2002，25（2）：3.

[49] 王港，吴铁桥. 计算机辅助教学（CAI）在体育教学改革中的应用 [J]. 体育与科学，2000，21（1）：3.

[50] 王广虎，吴敏. 体育教学方法新论 [J]. 成都体育学院学报，1999.

[51] 王广虎. 体育教学改革必须走出四大误区 [J]. 成都体育学院学报，1998，24（1）：5.

[52] 王国亮，詹建国. 翻转课堂引入体育教学的价值及实施策略研究 [J]. 北京体育大学学报，2016（2）：7.

[53] 王华倬，王良辉. 浅析当前我国体育教学实践中的几种体育教学模式 [J]. 首都体育学院学报，1999，11（2）：18-21.

[54] 王健. 新课程理念下中国体育教学目标的反思与重建 [J]. 西安体育学院学报，2003，20（3）：2.

[55] 王守文. 关于普通高校体育教学改革的几点思考 [J]. 中国高教研究，2007（5）：2.

[56] 王顺堂. 体育教学过程中的创新教育初深 [J]. 沈阳体育学院学报，2001（1）：2.

[57] 王燕梅，付明. 高校体育教学的现状与改革设想 [J]. 上海体育学院学报，2002（S1）：3.

[58] 王宗平，庄惠华. 大学体育教学内容适应性发展的思考 [J]. 体育与科学，1999，20（3）：4.

[59] 魏勇. 普通高校体育教学模式研究分析 [J]. 山东体育学院学报，2010，26（2）：4.

[60] 吴忠义，高彩云. 我国高校体育教学改革 30 年回顾与思考 [J]. 成都体育学院学报，2010（1）：4.

[61] 吴忠义. 对我国体育教学理论的探讨 [J]. 体育科学，1998（2）：2.

[62] 辛利. 论体育课程与体育教学的若干关系 [J]. 天津体育学院学报，2011，26（3）：4.

[63] 许砚田，毛坤，邢庆和. 高校体育教学模式的探讨 [J]. 北京体育大学

学报，2001（4）：3.

[64] 杨建平，张秋艳. 构建以学生为主体的新型体育教学模式 [J]. 武汉体育学院学报，2007，41（8）：3.

[65] 杨楠. 体育教学模式与主体教学浅论 [J]. 北京体育师范学院学报，2000.

[66] 杨文革. 从我院体育教学现状谈高职院校体育教学改革 [J]. 体育学刊，2001（2）：4.

[67] 姚峰. 对我国民办高校体育教学现状的研究 [J]. 北京体育大学学报，2001（1）：3.

[68] 姚蕾. 体育教学环境的构成要素，功能与设计 [J]. 北京体育大学学报，2003，26（5）：3.

[69] 姚蕾. 新中国成立以来我国体育教学目标、内容与评价的回顾与展望 [J]. 体育科学，2004，24（001）：44－47.

[70] 于素梅. 体育教学质量评价标准体系建立的难题及初步构想 [J]. 体育学刊，2014，21（3）：5.

[71] 余学好. 新课程标准下体育教学改革的基本思路 [J]. 北京体育大学学报，2004，27（5）：3.

[72] 张洪潭. 从体育本质看体育教学 [J]. 体育与科学，2008，29（2）：6.

[73] 张继生，杨麟. 高校体育教学评价的现状及改进方法 [J]. 武汉体育学院学报，2006，40（5）：3.

[74] 张润桃. 高校体育教学中实施拓展训练的理性思考 [J]. 科教文汇，2013，23（18）：119－120.

[75] 张铁雄，蒋炳长，谷旭辉，等. 对大学体育教学模式的研究 [J]. 体育科学，2003，23（3）：4.

[76] 张伟霞. 试析体育教学中学生自我效能感的培养 [J]. 体育学刊，1998（4）：2.

[77] 张学忠. 体育课程与体育教学的关系 [J]. 体育学刊，2003，10（2）：4.

[78] 张予南，高留红，张予云，等. 对体操在学校体育教学中"热与冷"现象的社会学分析 [J]. 北京体育大学学报，2003，26（2）：3.

[79] 赵玲. 对高校体育教学评价的思考 [J]. 上海体育学院学报，2002，26（3）：3.

［80］甄子会.影响我国高校体育教学发展的因素及对策分析［J］.体育与科学，2010（1）：4.

［81］郑婕.普通高校体育教学改革新创意［J］.北京体育大学学报，2004，27（11）：3.

［82］郑李茹，林少娜.21世纪高校体育教学模式与发展趋势［J］.武汉体育学院学报，2002，36（6）：2.

［83］周登嵩，李林，陆作生，等.体育教学入文性的思考［J］.体育科学，2002，22（5）：10-13.

［84］周登嵩，李林，陆作生，等.体育教学人文性的思考［J］.体育科学，2002，22（5）：4.

［85］周红萍.80年代以来我国高校体育教学改革研究综述［J］.体育与科学，2001（1）：3.

［86］周星宇，曹红.多媒体CAI技术在体育教学中的应用研究［J］.北京体育大学学报，2000，23（002）：245-246.

［87］周勇.智能化远程多媒体体育教学系统的设计与实现［J］.体育科学，2002，22（1）：3.